U0042083

從0到1億！社畜也能財務自由

我「23歲／沒背景／沒資歷」用6年打敗死薪水 提早過自己想要的生活

人生攻略ロードマップ
「個」で自由を手に入れる「10」の独学戦略

迫佑樹 著　林安慧 譯
YUKI SAKO

前言

首先，想要說的就是，

關於怎麼去攻略人生，並開創人生勝局的所有戰略。

「金錢是靠著汗水拚搏而來」

「選擇穩定的職業才是正道」

「找到自己想做的事情很重要」

自古以來在這個社會裡，就有著這樣的價值觀。

但是這本書卻是要全盤推翻這樣的普世價值，給大家全新面向的價值觀。

・沒有必要一定得「辛苦流汗」才能賺錢，但是不論做什麼都會需要金錢，因此首先要消除「經濟上的不安」。

・不是靠著「隸屬於組織之中」來獲得安穩，應該要靠「自己的技能」來確保穩定。

・找不到「自己想做的事情」，那是因為「能做的事情」選擇太少，只要能夠擺脫金錢、時間限制，提高人生自由度的掌控，自然而然就能找到「想做的事情」。

本書的主題是「人生攻略之道」。

將金錢、時間、人際關係等等各種人生的限制或不安全部消除的狀態，我將之定義為「人生攻略完成狀態」，接下來就會具體地解說獲得這樣人生狀態的方法。

如何打造出「可以不用勉強自己去做討厭的事情」這樣的人生，比起在某個範疇裡擁有傑出成就要來得簡單多了。

只要擁有正確知識以及正確的努力方法，就無須冒著大型風險，獲得無拘無束的人生。

如何能讓你擺脫各種束縛、煩憂，並且踏出第一步掌握住自己理想的人生？這本書裡有著滿滿的實用秘訣以及必須要有的思考方式。

那麼就一起來加入吧！踏上人生攻略的大道。

▼成長在「無比普通」的家庭的我，為什麼能變成「年賺十億日幣」的社長？

我目前經營著四家公司。

事業體包含了「教育事業」、「餐廳・店鋪經營事業」、「產品銷售・網購事業」以及「網路服務營運事業」，合計起來的業績以一年破十億日幣的氣勢持續成長中。

儘管現在的我擁有日益強大的事業規模，在某種程度上來講，金錢也是不虞匱乏，但是這當中所經歷的過程卻是挫折不斷。

學生時代聽到「有錢賺」而開始經營部落格，就算一年裡拚了命的寫東西放上去，一個月月收入最多也只有二百九十三塊日幣而已，等於每個月花了一百小時在寫部落格，換算成時薪還不到三塊日幣，就這樣持續了一整年。

這樣的我是怎麼樣能經營著多個事業體、年營收超過十億日幣的呢？那當然就是完全依照「人生攻略之道」來達成。

我的父母親是很典型的「上班族」與「家庭主婦」，父親在半導體相關企業工作，每天早上七點出家門，到晚上二十三點才會回來，是一名努力做事賺錢的公司職員。父親這一邊的祖父母是農夫以及巴士駕駛，母親這邊的外祖父母則分別為銀行員和牙科櫃台人員，在我的家族裡沒有任何一個人是公司老闆。

沒有大富大貴，但也吃穿不愁，在極為普通家庭裡成長的我，對於未來的工作想法或人生觀，一直以來都是跟隨著雙親、師長還有電視及雜誌媒體等所提倡的「應該要這麼做」而定。

「在大城市的大企業裡當正式員工，擁有穩定工作才是正道。」

「拚命工作讓年收超過一千萬日幣非常重要。」

「所謂的大人，就是必須卯足全力地拚命賺錢。」

認識現在的我的人恐怕想像不到，在我小時候對於這樣的價值觀深信不疑。

不過等到中學生階段，頭一次有機會接觸到「從事著非上班族工作的人」，將我原有的價值觀整個打破。

▼認識了同時掌握「金錢」以及「時間」的一群人

「頭一次遇見從事著非上班族工作的人」，機緣就來自於中學時非常入迷的線上遊戲的「網聚」。

如同大家都知道的，網路的線上遊戲會有聊天室，在這裡有聊得來的玩家就會約出來見面，也就是舉辦增加彼此友誼的「網聚」。

當時我雖然還只是中學生，還是透過一款線上遊戲獲邀參加了同好們的網路。

這款線上遊戲內容是「培育出戰國武將，並利用該武將角色攻進敵對陣營，打倒敵人」。

身為中學生的我當然沒錢可以課金，只能玩不必花錢的項目，但是後來我在遊戲裡認識了一位「神秘玩家」。

這名「神秘玩家」不僅僅是「不斷課金的超級課長，而且無論我什麼時候登入進遊戲裡，他都一定會在！」，光我所知道的部分，這個人每個月課金至少在一百萬日幣以上，我相信他一天有十八個小時都掛在遊戲上。

我對於這位「神秘玩家」也具有很強烈的好奇心，不知道他究竟是從事什麼樣職業的一個人。

所以後來就在想，要是能夠參加網聚，那或許就有機會認識到許多類似像「神秘玩家」這樣，生活在我到目前為止不曾接觸過的世界的人。

在網聚的現場中隨著氣氛越來越熱烈，聊天的話題也不再只侷限於遊戲內容，也開始會提到個人隱私，恐怕也跟我還是名中學生有很大關係，來網聚的大人們都毫不保留地告訴我他們日常工作的狀況。

認識的其中一人就是在大企業裡當正職員工、年收入超過一千萬日幣，完全就是我原本以為「未來就該像他這樣做」的活生生真人典範。

但是在聽過他的描述之後，不由得經常會產生「………怪了，這樣的人生是幸福的嗎？」的疑問。

這個人的確是在大型企業裡，做為正職員工且年收入超過一千萬日幣，但是在問過他是過著怎樣的生活時，我得到以下的答案：

- 每天早上擠進客滿的電車，耗盡精氣神後好不容易進了公司。
- 工作每天上午九點開始，但加班的話有時甚至晚到深夜十二點。
- 週末六日經常要處理跟公事有關的電話。
- 即使好不容易休假了，卻因為平常太過疲累，最後就是睡掉了一整天。
- 薪水的確很高，卻沒有時間花錢享受。
- 儘管是網聚常會出現的老面孔，但是最愛的線上遊戲最近卻都無法玩。

換句話說，等於是過著「每天被工作追著跑的日子」。

另一方面，也有從服裝看不出來是「有頭有臉社會人士」的人會來參加網聚。試著跟他聊天以後，赫然發現居然就是每個月課金超過一百萬日幣的那位「神秘玩家」，而他的職業，據他自己說是某IT企業的社長。

而他的工作內容，在詳細問過後……

．經營架設網站、提供開發服務的公司。

．手下員工約有二十人。

．而身為社長的他，目前幾乎都沒有在工作，這是因為有業務人員負責跑業務，工程師處理開發項目，由經理人進行資金管控等等，公司的營運模式就是即使沒有他，一樣能夠正常運作。

才知道居然是這樣。

順帶一提，到現在我和這位老闆還是持續透過Facebook聯絡，他若不是一頭栽進最愛的釣魚活動，要不就是因為興趣而開了魚子醬專賣店，一直過著令人大開眼界的生活。

對於只懂得「普通上班族」工作方式的我來說，他的工作模式可說是帶來極大衝擊，見識到這樣前所未見的新世界，也產生了很奇妙的心情。

在網聚裡還來了很多「生活在新世界的人們」，像是就有自由工作者，他一邊接案做著架設網站的工作，一邊也經營著以手機用戶為對象的數位音樂下載網站，他的工作方式也讓我驚奇不已。

- 基本就是遠端工作，只要在自己喜歡的地點、喜歡的時間上工就可以，儘管是這樣年收入依舊能超過一千萬日幣。
- 靠著自己提供的服務來持續產生收入。
- 偶爾從大企業手中獲得工作委託，並且加以靈活運用。
- 擁有足夠跟家人相處的時間，也能夠充實個人的興趣。

「居然會有這種這麼自由的工作方式啊！」讓我備受衝擊。

「大企業的正職員工」跟「自營業還做出一番成就的人或者是當老闆」，光從收入部分來判斷的話，應該都是屬於成功人士的範疇了，不僅如此，按照一般世俗觀念都很容易認為前者「能夠過上安定的生活，過得更好」。

但是有生以來頭一次接觸過「做著非上班族工作的人」以後，我的人生未來目標就成了能靠自己一力賺錢的自營業或者是當老闆。

因為從這些人身上接收到了**強烈的「精神富足」感**。

不僅能夠保持工作與私人生活都平衡的同時，在錢財使用上還沒有任何限制，過著無須被時間、地點甚至是職場無謂人際關係束縛的人生。

只是參加網路遊戲的網聚，卻有機會發現有人能過著無拘無束的人生，

我的人生理想藍圖也因此跟著改變。

也因此下定決心要扭轉過去一直以來的既有概念。

▼不用到30歲就能「讓人生從此無拘無束」的秘技大公開！

從那一次以後，我就決定以「要將無拘無束的人生極大化」的目標在前進。

而我所規劃出來無拘無束人生極大化的「人生攻略」等級，需要滿足下列的四大關鍵。

- **完全不必擔心金錢（財務自由）**
- **擁有充裕的時間可支配（時間自由）**

・完全不必做不喜歡的事情（精神自由）

・身心都很健康（身體自由）

等到我成為大學生之後，為了追求「無拘無束的人生」，不斷在提升技能與實驗錯誤之間反覆累積經驗，才終於在不到三十歲的年紀達成了這個目標。

我將這本書取名為**《從0到億！社畜也能財務自由》**，分成下列十個步驟來一一解說，如何以最快速度來達成「無拘無束人生」的理想。

步驟1　釐清自己的「必要收入」

步驟2　「從零到一」累積賺錢經驗

步驟3　提升「基礎技能」

步驟4　利用學會的基礎技能「賺錢」

步驟5　使用社群軟體「發送訊號」

步驟6　使用部落格或YouTube「強勢推銷」

步驟7　部分作業「外包」來減少工作量

步驟8　把自己的工作歸零，讓事業「自動化賺錢」

步驟9　分散「收入來源」

步驟10　將剩餘資金做為「資產運用」

「步驟居然還要十個？也太多了吧！」或許會有人這樣抱怨，但還請多多諒解，為了讓每個人都能夠跟著依樣畫葫蘆，將整個過程詳細分解後，才特別細分出這樣的十個步驟。

利用十個步驟鋪就的「人生攻略之道」，只要可以跟著一一實踐的話，絕對能夠比周邊的人更輕鬆地獲得無拘無束人生。

就算有人憂慮「列出來的每一個步驟，看起來都好難……」還是請安下心來，對於步驟的每一步，我都會提供實際範例或者具體的實施方法，做最為詳細而到位的解說。

不過最後真正擁有「無拘無束人生」，我自己都還是花了六年時間才達成，因此說不出來「無論是誰，不用努力就能簡單達成」這樣鼓勵的話。

但不管怎麼說，只要是擁有正確知識，並持續著正確的努力心態，絕對可以保證人生

人生攻略之道的10大步驟

肯定會越來越美好。

那麼首先就不妨先抱著姑且一試的心情，翻開書頁來了解一下吧。

我相信在看過了這本書後，肯定能夠清楚地看到自己這一條「人生攻略」的康莊大道。

二〇二〇年七月

迫 佑樹

「目次」

第1章 攻略人生，必備5大價值觀

第2章 從0到億的人生攻略

第3章 刺激動機，踏上「財富的無限循環」

第 1 章

攻略人生
必備5大價值觀

獲取人生攻略秘技前，你的「價值觀」必須升級

▼破壞原有的價值觀認知

在展開人生攻略的具體步驟前，我會把自己平常的思考方式、依據怎樣的價值觀採取行動，統統寫下來。

這時恐怕會有人覺得「不要再廢話了，趕快告訴我人生攻略秘技吧」，但是如果還是依照既有價值觀來執行的話，是不會出現什麼好成績的。

主要就是因為上班族的小孩就會想成為上班族，老師的孩子將來就很容易走上教書一途，由此就能夠看得出來，父母親的價值觀對子女的價值觀帶來多大影響。

我自己本身要不是在中學生時認識了那些老闆們，因而改變原本的價值觀，現在應該就還是像個普通公司員工工作著吧。

想要踏上人生攻略之道的話，「價值觀升級」就不可或缺。

對我來說非常重要的價值觀當中，重要的部分有下列五項。

價值觀 1　反覆投資↔贖回，經濟將不虞匱乏

價值觀 2　投資自己才是 CP 值最高的投資

價值觀 3　設立停損點的同時，仍要持續行動進擊

價值觀 4　懂得制勝之道才能戰無不勝

價值觀 5　比起想做的事，首先應該增加能做的事

那麼就來一一檢視吧。

價值觀1
反覆投資↔贖回，經濟將不虞匱乏

▼你真的有效運用著手中的錢嗎？

所謂「在經濟上不虞匱乏」，也就是「成為有效運用錢財的專家」。

打個比方，A先生與B先生各自都擁有五百萬日幣在手上。

A先生將五百萬日幣全拿出來用，開了一間每年能有三百萬日幣收益的店鋪，十年以後從店鋪獲得的收益總和就會是三千萬日幣。

至於B先生則是將五百萬日幣用來買車，但是光是開車是不會生出錢來，所以即使過了十年一樣不會變得有錢。

無論是A先生還是B先生，他們的起點都同樣是「持有五百萬日幣」。**但是卻會因為如何運用這一筆錢，在十年後讓A先生與B先生的經濟狀況天差地遠。**

透過這兩個例子知道，經濟是否能夠不虞匱乏，主要還是會因為「怎麼樣運用金錢」而有極大的不同。

手頭上的資金應該怎麼存、怎麼用？也就是說，能夠巧妙「投資」的人才能夠存活下來，這也正是資本主義的世界。

聽到「投資」兩個字，恐怕很多人想到的大多都是股票投資這一類吧，但是如果將投資定義在「運用手頭上所擁有的資金，獲得更大回報的行為」的話，其實投資還有各式各樣的管道。

- **為了獲得新知識或經驗而花錢——自我投資、知識投資**
- **開始全新事業，亦或是聘用人員而花錢——事業投資**

・購買前景可期公司的股票——股票投資
・購買地價看漲的土地或房屋——不動產投資

像這樣將投資視為「對於知識、經驗、事業等等全包含在內，需要運用金錢的對象當中，能回收快速且估計有極大回饋的物件來投入金錢的行為」，可說是非常重要的一件事。

然後就是只要將「投資↓回收」這個公式快速地反覆循環操作，就能夠一點點地讓經濟變得越來越充裕。

▼靠「九萬日幣的投資」不斷滾出「年賺十億日幣業績」

儘管我現在是經營著年營業額有十億日幣規模的公司，但在直到進入大學後，都還是做著普通的打工工作。

從「一般打工族」到「經營年賺十億日幣的事業」，做的事情只有一樣，那就是不顧一切地埋頭重複著進行「投資↓回收」而已。

那麼我究竟是如何操作「投資↓回收」這個循環公式呢？條列出來就是下列的順序。

大學一年級時，將時薪一千日幣的打工費與獎學金全存起來。

↓

投資① 從存款當中花了九萬日幣去上程式設計相關的課程，學習網站製作還有網路服務開發的必要程式設計技術。

↓

回收① 尋找能夠運用到程式設計技術的兼職工作，時薪變成了一千五百元日幣（到這個時候，光靠打工一年約賺七十萬日幣）。

↓

投資② 在高時薪的狀態下打工，再度存到錢以後，去上能夠學到設計iPhone應用程式的程式設計學校。

↓

回收② 靈活運用在學校習得的技術，靠自己開始接iPhone應用程式的設計案。

← 投資③ 透過接案賺到的錢，繼續去上有機械學習、數據分析等課程的程式設計學校。

← 回收③ 運用在學校學到的知識，獲得設計線上聊天系統的工作，這份工作薪水提高到了一百四十五萬日幣（到這個時候年賺突破三百萬日幣）。

← 投資④ 為了學到如何以部落格來推銷情報的技巧，使用開發程式設計賺到的錢，加入社群部落格或者是獲取顧問公司的諮商。

← 回收④ 因為獲得了指引而讓過去一整年裡只能夠月賺二百九十三元日幣的部落格終於步上了軌道，現在光是靠部落格的收入，每個月就可以超過一百萬日幣。

← 投資⑤ 因為都宅在家寫部落格跟設計程式而變胖了，所以付了四十萬日幣去RIZAP健身（譯註：RIZAP為日本私營的健身機構）

←回收⑤ 在部落格成立關於RIZAP健身或減肥相關內容，兩個部落格合計月收入有一百五十萬日幣的狀態。

←投資⑥ 從存款拿出二百萬日幣，報名參加各式各樣能學到市場調查、業務技巧的講座，並且購買相關教材。

←回收⑥ 運用透過講座學到的市場調查、業務知識，來經營程式設計的線上講座，每個月能有七百萬日幣的營收（到這個時候年賺突破三千七百萬日幣）。

←投資⑦ 接受報名費要一百萬日幣以上、以經營者為對象的諮詢服務。

←回收⑦ 創立提供教育事業的公司，除了程式設計以外，還開始了傳授動畫編輯、設計等IT技巧的事業，每個月能有超過三千萬日幣的營收。

←

投資⑧賺來的錢運用在員工的人事支出上，同時也將錢投入全新的媒體製作還有廣告費用上。

←

回收⑧透過全新的媒體製作還有廣告，吸引了更多新的客戶群，讓業績因此更加提升（到這個時候年賺突破一．五億日幣）。

←

投資⑨將從事教育事業公司的收益，用來成立珍珠奶茶店或髮廊等等，投資在需要有前期花費的全新類別的事業上。

←

回收⑨店鋪體系的事業開始有收益，收入來源增加使得財源更為穩定。

←

投資⑩開發產品銷售或網購事業、網路服務的系統，不斷地投資在成立需要花不少錢的事業上。

←

回收⑩儘管也有失敗的事業，但是總業績規模、穩定感不斷增加並持續成長（到這

個時候年賺突破十億日幣）。

一開始的本金是打工的收入還有獎學金，透過這樣所獲得的三十萬日幣裡，我花了九萬用在學習程式設計上，從這個時候也就開始了「投資↓回收」的模式。

「首先的九萬日幣的學習程式設計投資」，在經過一連串的循環後，現在是「年賺十億日幣業績」，這當中做的事情就只有不斷重複著「投資↓回收」而已，當然了，如果在這裡就中斷「投資↓回收」循環模式的話，就變回了「普通人」，必須要進行新的投資然後再予以回收，我從來都沒有考慮過停止前進的腳步。

還有就是當自己回過頭來看時，赫然發現自己在一開始的時候，僅僅只是重複著「將錢花在學習上再來回收」。

整件事情要是反過來看，等於就是「拚命埋頭苦學，漸漸地增加了賺錢總額，將賺來的錢全押在自我投資或事業投資上，如此循環下果然能有所成就」的一大證明。

當然了，這樣的事情你也做得到，馬上就從今天開始，展開小小的投資吧。

只要經歷過一次「透過自我投資或事業投資，將這個投資賺到錢後再回收」這樣的模式，無論是自我成長還是增加財富，就會知道都是很簡單的事情。

投資

←**回收該項投資**

←**將得來的金錢再投資**

←**再回收再次的投資獲利的金錢**

←**再一次投資**

←**再一次回收**

←**（以下就是無限地反覆投資循環）**

就是只有這樣做而已，不斷地重複著同樣的循環模式，你會因此而成長，同時伴隨而

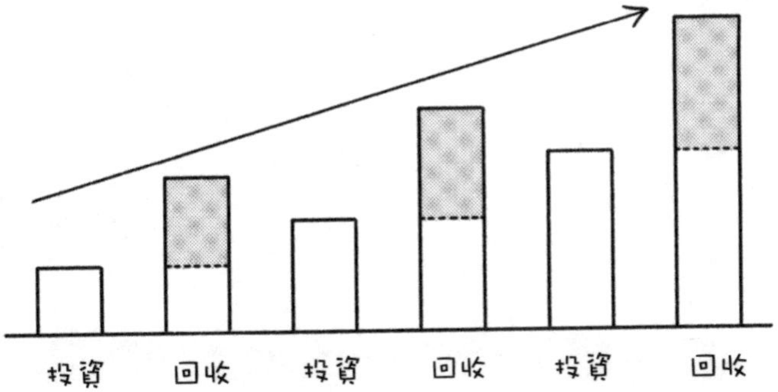

不斷重複進行「投資→回收」，讓錢財持續累積增加。

來的就是賺到的錢財也跟著逐漸增加。

這其中當然也會出現「投資↓回收模式快速的人」以及「小額投資卻能有極大回收的人」，很快就能夠獲得好的成就，但相反的也會有「投資卻沒獲得回收的人」或「沒有符合投資金額而無法回收的人」，自然會產生「這麼努力了卻沒有任何結果，搞什麼嘛」這樣的挫折感。

▼「存款很多」絕對不是好事

多數的人一定認為「認真努力地存錢」是正確答案吧。

但是我卻不覺得「擁有很多存款」是件「好事」。

我所認為的「讓自己變得富裕的方法」，就是快速同時不斷地持續「投資↓回收」這個模式。

因此對照這樣的循環模式，「擁有很多存款」這件事，也就等於算是「中止了投資↓

回收的模式」了。

當然了，如果是「因為收入很高，怎麼花都用不完只好存起來」、「立定了目標所以需要存錢」、「為了預防萬一而存錢」等等而使得自己擁有很多存款，每個人的原因都不一樣，也會有各式各樣的存款理由。

但是將用不到的現金存起來，「就算透過適當投資就能夠增加金錢，還是不做任何投資而直接將現金擺在那裡」，這樣的方法我並不喜歡。

不斷重複著投資↓回收，是成為有錢人的唯一途徑，怎麼樣能夠靈活運用金錢，經常去反覆思考才是最重要的事情。

另外也有一種人是極度地厭惡花錢。

可是金錢就像是「能夠改變事物、知識、經驗的商品券」一樣，商品券光存不用是毫無意義的事情吧，適當地活用「金錢」這個資源也是很重要的事情。

「擁有很多存款的狀態」可以說等同於「金錢並沒有獲得有效活用的狀態」。

價值觀 2

投資自己才是CP值最高的投資

▼「投資自己」的效益將非常驚人

在上一段已經介紹過關於投資有著許許多多不同的種類。依照「CP值的優劣」來排列各式各樣的投資的話，就會如以下表現：

為了獲得經驗或知識而對自己的投資或知識投資〈外包費、廣告費、成立新事業等的事業投資〉不動產投資或股票投資。

說到「投資」兩個字立刻就會聯想到的不動產投資或股票投資，因此增加的利益一年大約有百分之五左右，如果能夠增加成為一年有百分之十獲利的話，那麼堪稱是非常懂得靈活應變的投資客。

假設操作的獲利是一年為百分之五，那麼即使手上有著一億日幣，一年裡也僅僅只能夠增利五百萬日幣而已，一千萬日幣的話更是只獲得五十萬日幣。

但要是投資在事業上又會有什麼結果呢？

如果是事業投資，以一千萬日幣做為本金，最為可行的目標就是在一年時間裡賺到一千萬日幣，實際上以我來說，二〇二〇年一月在滋賀縣成立的珍珠奶茶店，初期投資大約花了六百萬日幣，第一個月的店鋪收益就超過了一百五十萬日幣，換算成月利率的話就超過了百分之二十五，年利率來說更是百分之三百的驚人數字。

然而CP值更高的還是投資自己。

譬如說閱讀一本一千日幣的書籍，將書本所寫的方法予以靈活運用，每個月都能夠持續賺到一萬日幣的話，這麼一來月利率就是百分之一千。

以投資自己為前提，對知識、經驗來投注金錢，比起其他什麼投資的CP值都還要來得更為值得。

我對自己的投資，就是從花費九萬日幣去上程式設計學校開始的，接著就此找到了程式設計相關的兼差，進而收穫了年收入達到七十萬日幣的結果。

也就是說換算成年利率的話，「70萬日幣÷9萬日幣＝777%」，收益數字實在是非常嚇人。

因此要是想將資金有效地操作的話，比起不動產投資或是股票投資，投資自己還是投資事業絕對要有利許多。

我在發現到了這一點後，就開始不斷地針對程式設計、社群經營、市場調查講座以及教材等，投資在學習這些知識上。

前面曾經跟大家介紹過，我個人的「投資→回收」循環模式，在達成**「投資⑦接受報名費要一百萬日幣以上、以經營者為對象的諮詢服務。」**之前，就是持續不間斷地將錢花在自我投資上，然後到了**「投資⑧賺來的錢運用在員工的人事支出上，同時也將**

錢投入全新的媒體製作還有廣告費用上。」時，再將全部資金挹注到事業投資。

將**「必須將資金持續不斷地投入『快速且可預期大筆回收』的部分」**視為所有行動的前提，那麼必然就能夠讓自我投資或事業投資的額度有所增加。

順帶一提，即使是現在年賺超過了十億日幣，對自己的投資卻還是持續進行著。

我把公司營運經費的部分細節公開給大家看。

「研修費」是關於補習、諮詢費用等等，半年能花費至少一千萬日幣。

「報紙圖書費」是購買書本或電子書的額度，這一項也是在半年花了二百六十五萬日幣。

在事業投資上，其他還有「廣告宣傳費」以及「外包費」合計共花費了將近一億五千萬日幣。

以一年來計算的話，可以清楚知道光是在自我投資部分就花了超過二千萬日幣，在事業投資上更是投注了將近三億日幣。

對於我個人來說，投資自己還有投資事業就是這麼的重要。

▼所謂的投資自己，就是用錢買時間的方法

還有，投資自己同樣也是「用錢買時間的一種行為」。

我能夠在二十三歲這樣年輕的年紀，就可以完全從零開始，包含準備期間在內一共只花了六年時間，成功創立了年賺超過十億日幣的公司，很多人對這一點都十分吃驚。

不過對我來說，半點也不覺得奇怪，因為對自己的投資而用金錢買來了許多時間，那麼比別人更早一步達到結果也是理所當然的事。

對知識的投資：光半年份的研修費與報紙圖書費，合計為一千三百萬日幣。

對事業的投資：光半年份的廣告宣傳費與外包費，合計為一億五千萬日幣。

這是本公司半個年度的經費一覽表，可以清楚看到對知識的投資超過一千二百萬日幣，而對事業投資也花費近一億五千萬日幣。

舉例來說，靠自己自學來學習程式設計，要達到可以接到案子程度的能力前，恐怕會

Skill Hacks株式會社　　　　【含稅】（單位：日幣）

2019年10月01日～2020年03月31日

	2019-10	2019-11	2019-12	2020-01	2020-02	2020-03	期間累計
決算項目	2,507,630	1,238,250	2,685,150	562,160	286,510	3,077,182	10,356,882
研修費	47,943	33,302	126,530	46,225	16,812	20,387	291,199
採訪費	1,100,000	1,100,000	116,000	25,124,000	116,000	116,000	27,672,000
員工薪資	62,400	52,800	43,200	559,154	30,600	0	748,154
獎金	92,800	92,800	93,220	943,470	93,220	229,060	1,544,570
法定福利金	0	0	0	10,200	0	0	10,200
福利健康費	10,728,256	11,479,349	9,130,120	18,223,148	42,598,637	34,931,162	127,090,672
外包費	0	0	0	0	75,735	36,135	111,870
物流費	1,507,215	2,248,366	3,551,480	3,594,250	5,310,801	6,459,186	22,671,298
廣告宣傳費	346,209	511,954	692,765	1,239,437	442,110	1,291,573	4,524,048
交際費	6,750	6,633	10,530	2,677	6,487	43,225	76,302
會議支出	246,093	261,205	592,659	990,639	602,424	1,256,586	3,949,606
旅遊交通費	192,988	261,245	235,472	502,311	865,955	1,461,780	3,519,751
通訊費	251,688	252,032	630,111	509,477	395,842	423,300	2,462,450
銷售手續費	128,720	28,033	40,543	229,926	429,947	404,345	1,261,514
消耗品費	0	418	418	418	60,863	418	62,535
水電瓦斯費	121,760	127,191	153,842	186,972	189,762	167,164	946,691
報紙圖書費	290,652	499,498	101,143	634,026	903,706	226,531	2,655,556
各種會費	0	34,600	500	500	4,768	8,750	49,118

對知識的投資：光半年份的研修費與報紙圖書費，合計為1300萬日幣。
對事業的投資：光半年份的廣告宣傳費與外包費，合計為1億5000萬日幣。
這是本公司半個年度的經費一覽表，可以清楚看到對知識的投資超過1200萬日幣，而對事業投資也花費近1億5000萬日幣。

需要花費約一千個小時來學習以提高能力。

但是認真說起來，這一千個小時有超過一半以上時間都是「與錯誤持續奮戰的時間」，而且在開始學習後，馬上就會發現，「懂的人」在看過以後，一分鐘就能夠解決的錯誤，自己卻得陷入困境好幾個小時的狀況是屢見不鮮。

你有沒有過像這樣不當地浪費過時間呢？

當時我上的程式設計學校學費是九萬日幣，只看數字的話的確會覺得挺貴的。

但是冷靜地想想看，在「節省時間」這一點上，與其「花一千個小時自己學習」，還不如「付九萬日幣來以一半的五百個小時學習，剩下的時間來賺錢」，這樣更加完全壓倒性地有效率。

靠自我學習而花費了一千個小時的學習時間，如果能透過上程式設計學校而縮短到五百個小時，那麼剩下的五百個小時就能用在實踐能力了。

而且有了這五百個小時，就能夠有餘裕來賺取學費。

先假設一開始因為本領不夠，自己接的案子時薪只能夠拿到一千日幣左右吧，但就算是這樣，只要有五百個小時就能夠累積到五十萬日幣。

回到現實來看，案子接得越多就能夠累積越多實戰經驗，無論是能力還是時薪都可以獲得提升。

看是要「不肯花九萬日幣，失去賺至少五十萬日幣的機會」，還是「先行投資九萬日幣，迅速學會技能並獲得最少可賺得五十萬日幣的機會」，挑哪一個是一目了然的選擇吧。

就像這樣，先不計較「眼前金額」的得失，而是必須先考慮清楚因此而能夠獲得的回

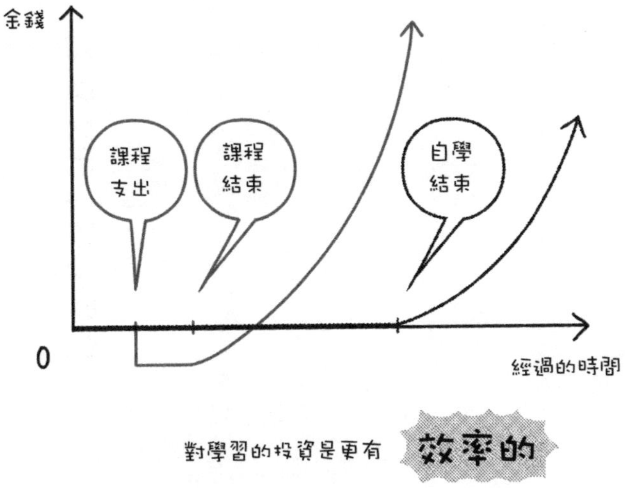

比起「花1000個小時自己學習」，反而是「付9萬日幣來以一半的500個小時學習，剩下的時間來賺錢」更有效率。

饋的優缺利弊，這才是最重要的事情，用在學習之上的花費絕不應該覺得浪費。

▼無知的恐怖！不懂的人，完全不知道自己「正在吃虧」

到現在我還是會每年花費至少二千萬元日幣，在獲取知識或經驗的自我投資上，理由很簡單，就是「非常討厭因為無知且招致吃虧這件事」。

無知是很可怕的一件事，知識不足不僅僅是「吃虧」而已，甚至完全沒有意識到自己「正在吃虧」，可說是很普遍會發生的狀況。

大學生的時候，我在電腦教室裡製作研究報告。

坐在旁邊的朋友在看到我的電腦螢幕畫面時，驚問「欸？你剛剛做了什麼？」。

我實在很不喜歡做收集資訊的功課，覺得太過繁瑣，因此將取得的資訊立刻整理成Excel檔，再用上自己設計的能夠將資訊直接轉換成表格的程式。

至於一旁的朋友則是必須將取得的資訊，以手動方式一個一個輸入。

朋友花超過一個小時製作的表格，我自己做不用一秒就完成，產能可說是達到三千六百倍，所以看到我的電腦螢幕會大吃一驚也就很正常了。

連自己都沒有發覺的狀態下，卻接連不斷地吃著虧，像這樣的情況在日常生活當中也很容易發生不是嗎？

▼「沒發現自己吃了虧」才是最可怕的事情

我的朋友因為偶爾會坐在我隔壁，所以很容易就發現「利用程式就可以這麼快速地完成作業，結果我自己卻是還在用手動作業」。

但是平常時候，大多數人都很難發現這個問題。

這是為什麼呢？以這個例子來討論的話，那完全就是因為「手動作業是理所當然的事情，完全沒有想過會有除此之外的方法」。

對朋友來說，就算是無比的麻煩，還是會花時間以手動方式輸入、整理資訊再做成表格，認為這是「理所當然的常識」，完全沒有過「讓它變輕鬆」的念頭。

要是沒看過坐在他隔壁的我的輕鬆模樣，朋友恐怕還是不會有任何疑問，只會繼續花時間以手動方式來做整理吧。

就因為缺乏「其實有更好的方法」這樣的認知，不僅浪費了金錢跟時間，而且更因為沒有發覺這個事實，只能持續不斷地吃著虧，像這樣的狀況在現實世界裡是多不勝數。

偶爾會聽到有「不必用功也沒關係」這樣的人，根本就是一大謊言。

- 說出「數學這種根本沒有必要學習」這樣話的人，只是會喪失運用數學的人生路的選擇。
- 說出「程式設計太難了，不想做」這樣話的人，只是會喪失活用程式設計能力的人生路的選擇。

擁有知識的話一下子就能夠完成，但要是沒有知識的話，
就只能夠不斷地浪費金錢、時間。

我是這樣想的：

在人生的道路上，當自由選擇變得愈來愈狹隘，這對於自己來說，同樣也是一種「損失」。

為了不要出現「完全不知道正在吃虧」的狀況，那就是要去學習。

每一天因為發現到自己的「無知」而目瞪口呆的同時，我也拚命地不斷學習再學習。

價值觀3

設立停損點的同時，仍要持續行動進擊

▼因為「膽小」而追求「安穩」

將賺來的錢大量地投放在對自己的投資或新事業的投資上，隨著事業規模越做越大，但其實我自己是非常膽小的。

正因為膽子小，所以才會將收益分散在各種事業上，並且經常學習新的事物，盡一切努力讓自己不會被前進中的時代所拋下。

同時膽小的我也一直意識到「設立停損點的同時，仍要持續行動進擊」。

人呢，只要是活著，總是會對某些事情抱持著不安。

「將來不能工作以後該怎麼辦………」

「沒有錢，以後老了怎麼生活………」

「為了以後，現在必須要存錢」

儘管我很高調地說出「我已獲得了無拘無束的人生」，但對於上述的不安，也不是全然完全沒有。

只是能夠將這些不安，控制在「趨近於零的狀態」。

先假設好可能會發生的問題，再準備好多個可以應對的處理方法，如此一來就能夠將不安控制到幾近於零。

擁有能力、多個收入來源，對於將來的不安就可以完全地趨近於零的狀態。

▼人生該有「保險」

在我是大學四年級生的時候，在離畢業只剩下半年時間，就決定從大學退學了。

雖然已經修滿了從大學畢業所需要的學分，但還是因為「想要創造能早點專心於事業的環境」、「還有半年時間要讀大學，既浪費學費也浪費時間」的理由，而選擇了輟學。

那個時候有許多人都勸我，「從大學退學然後自己開公司，這樣風險實在是太大了！」

可是實際上來說，我採取「輟學來

開公司」這個行動的背後，其實已經做了好幾道的保險。

我從學生時代起就靠當程式設計師工作了，也在程式設計相關的部落格上撰文，另外還架設了像是瘦身媒體等多個網站，靠著一己之力在賺錢。

在從大學退學前，一直想做的就是支援成人能力提升的線上教育事業。

風險當然一定有，但是只要能夠事先準備好應對措施，就可以不必擔心風險這回事。

風險：線上教育事業並不成功、最終失敗。

對策：因為有來自部落格的收益，怎麼樣都還能過得去。

就像這樣已經做好了「就算是失敗了，還擁有其他的收入來源，所以生活不至於窮途潦倒」的準備，我才會從大學輟學。

甚至還能假定要是因為某些原因部落格沒有人看了，收益減少了的時候。

風險：部落格文章沒有人看，無法靠部落格的經營生活下去。

對策：靠著當工程師來接委託開發案，繼續生活。

我在還是大學生的時候就已經以工程師的身份在接委託開發案件，所以要是有個萬一，自己的事業無法順利進行，加上收入來源之一的部落格也無法獲利的時候，我還是有著「當工程師接委託開發案子，就能夠繼續生活」這樣的保險。

繼續再假定因為「這麼年輕一定做不好工程師的工作」，使得自己很難接到工作的時候。

風險：以工程師的身分卻接不到委託開發案件。

對策：目前因為工程師人手不足，所以要找工作來生活並不困難。

所以就算是無法自己接到案子，最糟的情況是要找工作也不成問題，我事先早已經做好了這樣的規劃。

我就是靠著這樣擁有「程式設計」這一項能力，知道如何能夠將之轉換成營收：

展開線上教育事業

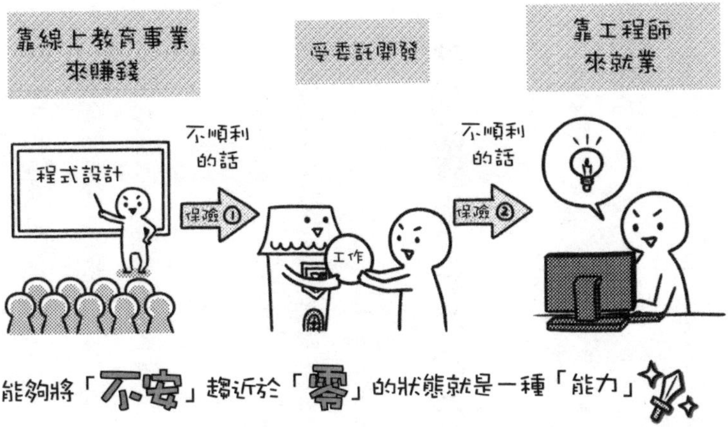

事先準備好面對逆境時的對應措施，就可以對人生加上保險。

← 要是不順利的話……

← 靠著經營部落格的營收來過活

← 要是不順利的話……

← 做工程師來接委託開發案件即可

← 要是不順利的話……

← 找工作的話，工程師要就業並不困難

也就是說，對人生其實是加上了好幾道的「保險」。

「這個不行的話，做別的也可以」，像這樣同時擁有多個計畫在手上，就是對人生做好完善的防護網。

現在同時經營著珍珠奶茶店、髮廊，還有物流販賣事業等等各式各樣的生意就是基於這樣的理由，盡量擁有多個收入來源，才能夠創造「不但穩定且無拘無束的人生」狀態。

靠著對人生加上「保險」，就能夠擁有並非「一時的自由」，而是「同時享受著無拘無束以及安定的兩種狀態」。

▼建構防護網最有效的方式就是身懷技能

大多數人為了消除對未來的不安，通常想的都會是「多存一點錢吧」、「取得各種資格鑑定吧」。

但是我對這樣的行為模式卻是抱著懷疑心態。

無論存款金額怎麼增加，都無法消除對未來恐怕坐吃山空的不安，至於資格能力，就算取得鑑定也無法靠著一張紙來賺錢。

我想要推薦的方式，正是「學會一項有高需求的專業技能」。以我自己來說，因為在大學時代就學會了程式設計這項技能，因此就算成立公司後之後失敗了，也立於不怕會沒有收入過日子的狀態。

另外像是動畫編輯、設計、製作動漫影片等等，到處都有這些需求，市場價值很高的技能可說是比比皆是。

值得推薦的技能項目將會在第2章中討論，這裡只是要提醒如下：

- 靠著學會有需要的技能，就能夠打造出人生的一道保險。
- 有了保險，在挑戰新事物時的風險就能夠降低。
- 持續挑戰新的事物，最終是增加了收入來源，因此能夠創造出「安定且無拘無束」這樣的「人生攻略狀態」。

請將這些牢牢地記在腦中。

價值觀4
懂得制勝之道，才能戰無不勝

▼成功的經營者不冒「巨大風險」

所謂有能力的經營者，大家心目中的既定印象恐怕都是「與風險周旋的同時來快速成長」，但實際上可不是這樣。

越是成功的經營者，越不會去冒巨大風險，而是持續不斷地去打有把握的仗。

當我下定決心要學習程式設計時，是因為已經知道了「擁有程式設計技能的人具有高市場價值，就算是要打工兼差，時薪也絕對比其他工作還要高」，而開始去上課學會

程式設計，而且我非常確定，即使花錢上程式設計學校，之後肯定能得到遠遠超過學費的回饋，才會開始學習程式設計這門課。

實際上也的確如此，當身邊朋友們還在做時薪一千日幣的兼差時，我已經靠著設計程式，拿到時薪一千五百元至三千元日幣的兼職工作。

能夠達到這樣的結果，自然是因為我相信「只要能夠具備程式設計的技能，絕對能夠比周邊其他學生更具有優勢」，而去挑戰一定會贏的戰役的最佳範例。

在成立線上學校的事業時，同樣是無比確定可以「別家線上學校要收十萬至二十萬日幣教授的課程，如果是我來做，只要七萬日幣就辦得到，而且還能讓學生更加滿意」，而毅然決然地投入。

開設髮廊的時候也一樣，在「一般替客人洗髮、剪髮的髮廊到處都有，但目前還看不到專門為高齡者服務，以染白頭髮服務為主的主題式髮廊，要是能夠推出這樣的店面，一定可以出奇制勝」！因此，我就是在這樣的想法下，開了一間專門服務高齡者，染白髮的髮廊，並且順利步上軌道。

而在推出珍珠奶茶店時也是這樣，當時的我覺得「東京正在流行珍珠奶茶，所以有許多品牌在競爭，但是地方縣市卻還看不到任何以珍珠奶茶為主打的手搖飲料店的蹤影，就連社群網站的推播腳步等等，也比大城市要來得落後，如此絕對是有機可乘」，在確定無人能敵才來開店經營。

看起來我是做了形形色色的挑戰，但這些可都是致勝率達到百分之八十至九十以上的事物才會出手。

如同前面提過的一樣，要達到經濟不虞匱乏的話，就必須要極速地展開「投資↓回收」的循環模式。

但如果發生了「雖然做了投資卻無法回收」的糟糕狀態時，就會導致計畫大幅度落後而滯礙難行。

為了不落入這般困境，「經常選擇致勝率較高的一方，壓低風險來拓展規模」就是非常重要的戰略了。

▼學習就能得到勝利

其實呢，現在正是絕佳的「學習時機」。

根據文化廳（譯註：統籌日本國內文化、宗教交流事務的機關）在二〇一九年公布的「與日語相關的民意調查」（二〇一八年度），回答「一個月連一本書都不看」的人攀升至百分之四十七點三。

這實在是非常令人感到震驚的數字，換句話說，等於就是**「只要每個月能夠閱讀一本書，你的用功程度可是擠進了日本人前段班中的百分之五十二點七」**。

正因為現世是幾乎所有人都不讀書的時代，只要稍稍學習一下，就能夠輕鬆簡單地從「絕大多數人」中脫穎而出。

「普通的人只靠努力是無法成功的，想要成功就必須要有用盡洪荒之力的努力才行，而且能夠做到這樣努力的人，僅有一小部分而已」，越是不努力的人越喜歡這樣解釋。

想要成功其實很簡單。

如果將「普通的人」定義為「平均值以內的人」，那麼「普通的人」就是那「一個月連一本書都不閱讀的人」。

既然如此，為了能夠擺脫所謂的「普通」境地，那麼只要能夠善加利用一點點空閒時間，持續不斷地去學習就可以了。

正因為大多數人都不學習，所以只要願意稍微努力一點，人生就能夠切換至「簡易模式」了。

只要開始跟別人有了差距，自然而然就能夠開始看見旁人所看不見的重點，就像是前頭所舉過的髮廊或珍珠奶茶店的例子都是，透過學習可以很明確地看到致勝原因，最後結果當然就能夠輕鬆成為贏家，而且越是去學習，「只有你才懂的致勝原因」增加，挑戰的時候致勝機會也就不斷提高了。

好好學習，累積知識，發起行動，只要掌握好這一點就能夠在這個世界裡贏得勝利，而且會是出乎意料的輕鬆致勝。

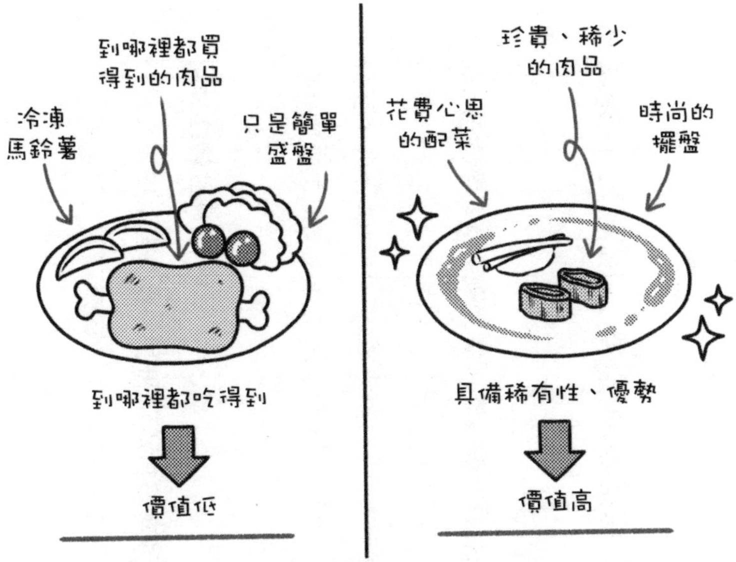

因為展現出稀有性或是優勢而提升了價值

▼學會去掌握「稀有性」與「優勢」

我的Twitter經常會出現「每天只要滑手機五分鐘，月收入就能有一百萬日幣！」這種怪怪的垃圾廣告，不知道大家是不是也一樣，收到過這樣的垃圾廣告呢？

其實根本不用我多解釋，這非常明顯就是詐欺。

靠著「每天只要滑手機五分鐘」，「月收入就能有一百萬日幣」，假設就算真的有這樣的商業行為存在好了，能夠如此輕鬆月收可以賺到一百萬日幣的工作，卻因為缺乏任何「稀有性優勢」，恐怕很快就會因為市場飽和而消失不見。

「賺錢」與「提供價值」，基本上是同樣的意思。

說得再更詳細一點，**「因為擁有稀有性優勢，價值提升了，就能夠賺到錢」，而這也正是商業的本質。**

一餐標榜要好幾萬日幣的餐廳，因為「可以品嚐到這家餐廳才有的食材、料理」，強調出餐廳所具有的稀有性優勢，要是推出用隨便哪家超市就買得到的食材，隨便哪家餐廳就吃得到的料理，「一餐數萬日幣」的標價也就無法成立了。

在商業裡要有高額獲利的關鍵，就是建立「稀有性優勢」。

▼懂得「只要是人就很容易放棄」的定律

那麼該怎麼樣讓自己具有「稀有性優勢」？

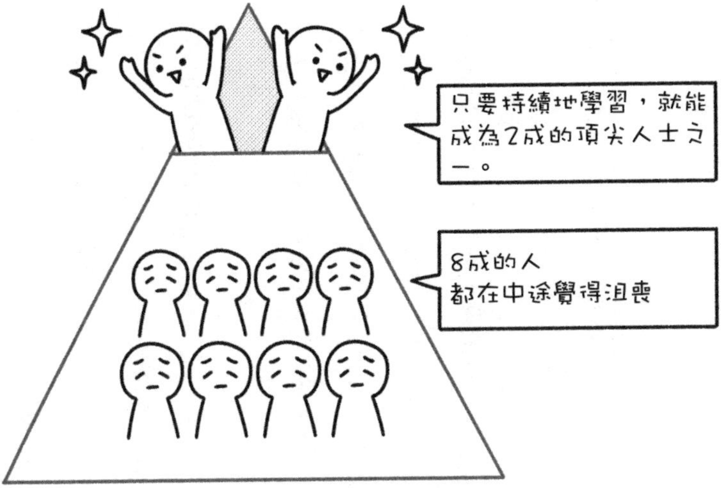
只要持續地學習，就能成為2成的頂尖人士之一。
8成的人都在中途覺得沮喪

程式設計只要靠著不間斷的學習，就能夠進入頂尖的2成名單中

答案，當然還是「學習」。

透過「一個月僅閱讀一本書」，你就可以進入百分之五十二點七的前段班了，繼續不斷地學習的話，自然就能夠提高「稀有性優勢」。

學習的內容，以**「使用正確方法學習的話，雖然不難卻會需要多花一點時間，無法忍受的人就會因此覺得很沮喪」**這樣最好。

以程式設計為例，開始學習的人當中，有八成半途就會覺得受挫而放棄。

但「只要持續不斷地學習」，自然

而然就能夠成為兩成的頂尖者。

其實曾經的我也是這樣，八成受挫者幾乎都是靠「自習」、「自己的方式」，但只要好好地使用金錢與時間去上課，購買教材學習，就能夠很輕鬆地成為兩成的頂尖者。

「一個月閱讀超過一本書，並且在學習中去一一實踐」，靠著這樣的做法就能夠建立起自己的稀有性優勢。

可千萬別受到「每天只要滑手機五分鐘，月收入就能有一百萬日幣！」這樣的華麗文字廣告所誘惑。

好好地學習專業技能，建立起個人的稀有性優勢，更能夠確實而輕鬆並且長期性地賺到錢。

價值觀5

比起想做的事，首先應該增加能做的事

▼在不知還有許多其他選擇時，「想要做的事」還有意義嗎？

對還在大學唸書的時候就學會了程式設計、並且開始接案工作的我來說，客戶幾乎全都比我年長，大多數都為三十幾到四十幾歲的人。

知道我才二十歲、還是唸書中的大學生，大家毫無例外地對我提出疑問：

「迫同學將來打算要做什麼？」

每個人都會這麼問。

對於這個問題，我都回答「嗯……還不清楚耶，首先從增加想做的事情開始吧」，

記得那時候客戶們的反應，也永遠都是「這是個說不出什麼東西的小子」。

大人們很喜歡問年輕人「想做的事情」或者「將來的夢想」。

不過對我個人來說，比起「找到想要做的事情」，反而會覺得「增加想做的事情」來得更加重要才對。

對於世上大多數人來說，「想做的事情」就只是「現在、我能夠做到的事情」的延長而已。

所以對於僅擁有「現在、自己能做到的事情」狹隘範圍的大學生，一旦被問到「想要做什麼？」的時候，當然就無法獲得像樣的答案了，頂多這樣回答：

「想做的事情喔，沒有特別想做的……」

「上班，過著一般的生活……」

就已經是極限了吧。

光從這樣的回答就斷章取義，讓大人們就感嘆「最近的年輕人毫無夢想」、「毫無野心」、「一點都不有趣」，但其實這樣的話是評斷得太早了。

對於沒有想做的事情的大學生，如果忽然丟個一億日幣給他的話，再問問看「想做什麼？」時又會是什麼樣的答案呢？

「旅行環遊世界一圈，想暢遊各個不同的觀光景點。」

「開一間自己的餐廳，讓大家品嚐到美味的料理。」

「成立公司，發展能夠對人們有所幫助的事業。」

等等，想做的事情絕對會像沸騰的熱水一樣拚命冒出來。

無論是誰，都會在不知不覺的情況下，根據可能而現實的範圍內，最終去決定自己「想做什麼」。

即使是連一樣「想做什麼」都沒有的大學生，變成「擁有一億日幣財產」時，選擇類別當然多了起來，「想做什麼」也自然而然會不斷產生。

也就等於說，為了找到「真的想做什麼」，唯一辦法就是增加自己的「選擇內容」了。

▼如何增加「更多選擇」？

以我自己來說——

・學會技能，增加可以做的事情的時候。

・收入增加，不受到金錢限制的時候。

・將事業交給員工或系統，獲得時間上的自由的時候。

在這幾個情況下就會感受到選擇大大增加了。

其中又最得益於學會程式設計，在日常生活裡覺得「如果能學會這件事情應該會很有趣吧」的次數就因此大幅地變多。

例如就會出現像是——

「能夠設計出這個APP的話應該很有趣」

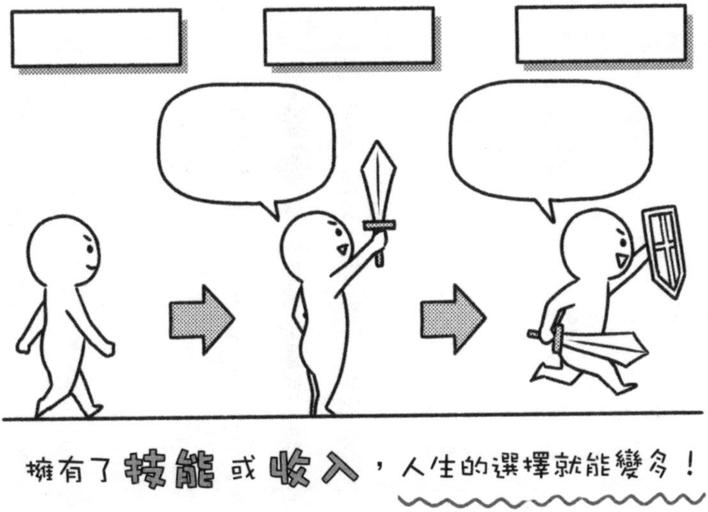

隨著獲得了技能，或者是收入增加了，選擇也會跟著變多，更加容易找到「想做」的事。

「做這種事的話好像會變成話題」

「來試試看設計一個能自動獲得投資來賺錢的程式吧」

這一類讓自己興奮不已的想法，會接連不斷地出現。

並在收入增加，多了時間餘裕的時候——

「想輕鬆地去這個觀光景點旅行看看」

「嘗試經營新的珍珠奶茶店相當有意思啊」

「有時間的話，也想上上看發聲訓練課程」

當一出現這些念頭，就變得能夠馬上採取行動了。

或許你會覺得這都只是小事，但是當身懷技能或者是收入增加的時候，更容易發現自己發自內心本質「想做的事」，而且能夠將之實現的可能性變高也是不容否認的事實。

與其在選擇很少的情況下，找到假惺惺的「想做的事情」，學會技能、增加人生的選擇內容才是比選擇更加重要的事情。

完全不必焦慮「想做的事情一樣都沒有」，接下來只要學習技能，並且提升人生不受限制的自由度，再去增加選項就可以了。

第 2 章

從 0 到億的
人生攻略

靠著「人生攻略之道」增加收入，還能減少工作時間

▼獲得「無拘無束人生」的具體步驟

接著終於是要進入「人生攻略」這個主題了，所謂的「攻略人生」，就跟「前言」當中所提到過的一樣，

- ·完全不必擔心金錢（財務自由）
- ·擁有充裕的時間可支配（時間自由）
- ·完全不必做不喜歡的事情（精神自由）

攻略人生的3大流程

・身心都很健康（身體自由）

就是可以達成「四大自由都獲得滿足的狀態」。

而想要滿足這四大狀態，首先必須要依序做到以下三件事：

①提升可以增加勞動收入的技能

②經營具有價值性的事業

③創造不工作也能有營收的模式

不過這樣就只是空口說白話，「具體應該怎麼動起來才好」卻是很難體會得到吧。

因此決定以「誰都可以複製還原的『十大步驟』」為題重新整理一番，並從本章開始來好好詳解「人生攻略之道」。

▼誰都可以複製的「十大步驟」

重新將「人生攻略之道」的整體架構再提示一次。

步驟1　釐清自己的「必要收入」

步驟2　「從零到一」累積賺錢經驗

步驟3　提升「基礎技能」

步驟4　利用學會的基礎技能「賺錢」

步驟5　使用社群軟體「輕鬆分享」

步驟6　使用部落格或YouTube「強勢推銷」

步驟7　部分作業「外包」降低工作量

步驟 8　把自己的工作歸零，讓事業「自動化賺錢」

步驟 9　分散「收入來源」

步驟 10　將剩餘資金做為「資產運用」

只要能將這十個步驟依照順序一一實踐——

・經由擁有多個收入來源，收入增加。

・因為之前就已經分散收入來源，降低了不安因素。

・因為工作已有過適當的組織化，維持原有收入的同時還能逐漸減少勞動量。

・就算哪一天事業或資產運用出了紕漏，只要能夠懂得活用基礎技能，無論什麼情境都能重頭再來。

也就是像這樣，創造所謂的「安穩與自由同時擁有的狀態」。

依照經驗，有很多人在進行到步驟 7 的時候，就開始會有「怎麼好像很難啊………」

的感受，不過完全不必擔心，只要閱讀本書、踏實地跟著一步接一步走，無論是誰都能夠跟著精心設計好的「步驟1」～「步驟10」去一一達標。

姑且相信我，請繼續看下去吧。

步驟1 釐清自己的「必要收入」

▼把必要收入分成「兩個階段」

首先要做的事情，就是請各位先釐清自己的「必要收入」。

這件事一點也不難，只需要大致想好「自己擁有多少錢才能夠滿足」即可。

人呢，是那種在看不到「終點」的時候就無法激起鬥志的生物，所以儘管只是大致盤算，事先考慮清楚「擁有多少財富，自己才能夠覺得滿足呢？」就非常的重要。

那麼就依照接下來的兩種階段，來設定「必要收入」吧。

①將每個月生活所需控制到極限時，最低限度的必要生活費。

②能夠偶爾奢侈一下，覺得「每個月要有這麼多的話最好」的生活費。

但是對於每一項的數字額度，當然會是因人而有高低不同，設定出對於自己來說最為合適的額度就可以。

不過只有在「在估算①的時候，包括外食在內的一切奢侈開銷都不列入，只能計算能夠活下去的所需最低限度的生活費」這個部分要達成共識，請務必要做好控制。

在這裡先設定一個範例，①是每個月二十萬日幣、②是每個月五十萬日幣來繼續接下來的說明。

▼將「賺來的錢」粗略分類

確定清楚兩種階段的「必要收入」以後，再從完成「人生攻略之道」的目標來逆向計算，要來考慮「怎麼樣可以達成②（每個月五十萬日幣）呢？」

「人生攻略之道」的目標：

- **經由擁有多個收入來源，收入增加。**
- **因為之前就已經分散收入來源，降低了不安因素。**
- **因為工作已有過適當的組織化，維持原有收入的同時還能逐漸減少勞動量。**
- **就算哪一天事業或資產運用出了紕漏，只要能夠懂得活用基礎技能，無論什麼情境都能重頭再來。**

就是要創造出這樣的狀態。以完成了「持有複數的事業」和「剩餘資金的資產運用」為前提，來研究「每個月五十萬日幣」的詳細內容吧。

重新回頭去看一下，「最低限度的必要收入」中①的每個月是二十萬日幣，而我所想到的概念是「這樣的一筆金額，希望靠完全非勞動所得的資產運用來負擔」。

每個月二十萬日幣，一年就是二百四十萬日幣，以年利率百分之五來做運用的話，

240萬日幣÷5%＝4800萬日幣

很清楚知道手上會需要有四千八百萬日幣的剩餘資金（更精密一點的話，會需要連稅金也一起計算進去，不過這裡就先跳過）。

那麼就先制訂「首先必須存到四千八百萬日幣才可以」的這一個目標。

然後假設今天四千八百萬日幣忽然從天而降，並將這些錢依照年利率百分之五來加以運用，獲得的錢也僅只是①的每個月二十萬日幣而已。

為了要能夠實現②的每個月五十萬日幣，還需要去賺取剩下的三十萬日幣。

這個時候也來大方向的思考一下吧，假設經營著「三種事業」，合計可以得到「每個月三十萬日幣」的收入，以從事推展情報資訊發送類別的廣告事業，透過YouTube可以「每個月十萬日幣」、部落格也是「每個月十萬日幣」，都是實際上可以賺得的金額，剩下還有「十萬日幣」，不過這樣的額度其實靠著販賣點子、出版電子書，另外還有經營社群或Web服務的經營等等來賺得，其實並不困難。

而且要是能夠像這樣具有靠自己開創事業的賺錢能力時，就算萬一事業失敗了，或者是資產運用失敗了，都還有十足的餘裕可以敗部復活。

擁有透過部落格每個月約賺得十萬日幣的能力時，以作家的身分來工作，每個月就可以賺到三十萬日幣（因為屬於勞動密集型產業，所以靠部落格賺錢最為理想）。

另外要是可以具備靠個人經營，提供每個月能賺到十萬日幣左右的服務的能力，如工程師的工作，想要每個月賺得五十萬日幣根本不是難事。

人生攻略之道因為是以「盡量減少勞動時間，擁有理想的收入」為目標，因而很推薦自己開創事業，但如果覺得稍微辛苦一點也沒關係的話，那麼難度就能往下降。

擁有多個事業，並且也有善加運用資產，如果還具有賺錢能力的話，因此當哪一天無論事業還是資產運用都失敗的時候，即使回到了身無分文的狀況，依然可以確保自己擁有在「必要收入」中所設定的②的生活。

▼總之，「落實成具體數字」是有意義的

可能會有人覺得「像這樣只是大致的財務展望，有意義嗎？」可是就算只是一個概略

的觀念，「有展望」跟「沒有展望」可是大大的不一樣。**因為即使只是具有「做了這樣的事，能夠賺到這些的話該有多好」這樣的想像，就具有非常重要的意義。**

「『擁有基礎能力，月收入有三十萬日幣』這種事，在這個人世間會存在嗎？能夠如此簡單就達到獲得盈利嗎？」這一點會在**「步驟3提升『基礎技能』」以及「步驟4利用學會的基礎技能『賺錢』」**來做詳細解說。「這麼容易就能夠經營多個事業嗎？」這個部分則是會在**「步驟7部分作業『外包』來減少工作量」、「步驟8把自己的工作歸零，讓事業『自動化賺錢』」和「步驟9分散『收入來源』」**有詳細的說明。

「所謂的資產運用，有那麼容易就能夠讓錢變多？」這一項則是在**「步驟10將剩餘資金做為『資產運用』」**有更加深入的說明。

所以不要擔心！

因為「人生攻略之道」正是以「只要去努力，許多人都可以複製達成」來做規劃的。

步驟 2

「從零到一」累積賺錢經驗

▼從零到一的「兩個手段」

為了獲得「無拘無束的人生」，就必須要開創出自己的個人事業，而這最重要的第一步，即是如何讓自己具備「被雇用」以外的賺錢本事。

那麼就來靠著自己，而不是依附公司賺錢吧。

一開始只有「一塊錢」也沒有關係，從什麼都沒有的「零」的狀態，就算是只有「一塊錢」也可以，總之就是先賺錢，請盡早具備「靠自己的能力賺得一塊錢」的能力。

為了能夠邁向無拘無束的人生，必須知道被雇用以外的工作方式。

無論是誰，每個人都很容易以為「靠個人賺錢很困難」，然而實際上卻並非什麼難事，這不過就是「沒有做過的事情而已」。

接下來先去除「靠個人賺錢很困難」這樣的既有觀念，首先目標就設定在大約五萬至十萬日幣，這是為了提升將來能力而需要對自己投資的種子基金。

快速「從零到一」來累積賺錢經驗其實有許許多多種方法，這裡就來為大家介紹最簡單的兩種方法。

・靠賣掉不需要的東西，從零到一來賺錢。

・利用點數網站等，從零到一來賺錢。

那麼就來認真地一一看下去吧。

▼賣掉不需要的東西賺到五萬日幣

將自己家中不需要的東西，像是以「Mercari」為首的跳蚤市場APP，或者是「yahoo！」等網路拍賣出售，**這正是速度最快且最確實能「從零到一」賺錢的手段。**

「靠著賣出不需要的東西來賺錢，也不見得可以獲得多少經驗吧？」應該會有人這麼想，所以就來為大家介紹一位，實際上真的靠著販售不需要的東西而改變人生的男子吧。

我追蹤的一名男子，因為遭到了公司裁員，而被迫陷入了「要靠自己去賺錢的境地」，即使是想參加二度就業活動，卻因為已經三十好幾又沒有任何資格憑證，使得他一直找不到好的新工作。

0→1
累積賺錢經驗
自信
就算沒人雇用，
也能夠
自立更生！

透過「從零到一」來累積賺錢經驗，就能夠獲得「就算沒人雇用，也能靠自己來賺到錢」這樣的自信。

也就是說，一直以來他都只是一介上班族，完全沒有想過「靠自己賺錢」這樣的念頭。

就在快要陷入絕望深淵時，讓他看到一道曙光的，就是多年前買來就不曾玩過的吉他。

一邊想著「不知道能不能賣呢？……」一邊在網路拍賣上試著賣，居然因此成功賣出得了一萬五千元日幣。

過去都很直接當垃圾丟掉的東西，居然能夠賣得到「一萬五千元日幣」的事實讓他大受衝擊，接著他就開始將家中用不到的東西接二連三上網拍賣，最後賺到了十萬日幣。

然後他將當中的五萬日幣當作資金，去學習影片編輯，現在的他除了一邊做著YouTube影片的編輯，也擁有了在家工作的生活，僅僅只是賣出不需要的物品，卻也正是販賣二手貨讓一個人創造出了「賺錢契機」。

如今不但有豐富的跳蚤市場APP，也有無論是誰都可以簡單出售二手貨物的完善市場，只要調查過就知道要當個網路賣家非常容易，所以勇敢踏出「靠自己賺錢的第一步」吧。

▼利用點數網站賺到五萬日幣

接著要來介紹的，則是利用點數網站從零到一的賺錢方法。

所謂的點數網站是登記成為某樣商品的試用者，或者是辦信用卡獲得點數回饋的一種網站，在日本也被暱稱為「零用錢網站」。

點數網站可說是五花八門，但像是Hapitas、moppy等等網站，就有多起例子是光靠「發行信用卡」就能夠拿到數千日幣到一萬日幣左右回饋，所以很值得推薦。

不過在這裡有一點需要提醒大家注意。

每天登錄點數網站，一點一點地累積點數，只是在浪費時間而已。

應該要著眼在辦理「信用卡」或者是開設證券帳戶等，這一類投資報酬率比較高的方式。就算是將條件鎖定在可以免入會費/年費、申辦就能獲得點數的信用卡，還是可以免費開設證券戶頭的案子，可以因此賺到一萬日幣以上點數的優惠非常的多，只要是這一類高報酬的優惠的話，獲得的回饋對應花費的時間可說是非常值得。

不過要是信用卡辦太多張的話會無法通過審核，記得維持在三張左右就好。光是申辦好三張信用卡，開辦多個證券帳戶就能夠得到約五萬日幣左右的回饋。

▼「步驟2」的金額目標是五萬~十萬日幣

「步驟２」的用意就是透過體驗「被雇用」以外的賺錢方法，確立出「即使不受雇用，也能靠自己賺到錢」這樣的自信，舉例來說，想在Mercari認真出售不需要的東西，每天只是花時間黏在Mercari上，就算是每個月能賺到二十萬日幣還是三十萬日幣也依舊本末倒置，完全偏離了「人生攻略之道」的另一種做法。這裡所提到的僅僅只是去體驗如何從零到一賺錢，請一定要充分了解，接下來的階段應該是賺取投資自己的基本資金才對。（譯註：Mercari為日本知名網路二手交易平台，總部位於東京。）

「步驟２」的金額目標是五萬～十萬日幣會比較恰當，在下一步的「步驟３ 提升『基礎技能』」中，靈活運用這個階段所賺得的基本資金，用最短、最快速的方式學習技能。

在一邊體驗如何靠自己來賺錢的同時，一邊存下投資自己的基金的這個階段，再向「步驟３」邁進。

步驟3

提升「基礎技能」

▼哪些是應該學會的「基礎技能」？

「步驟3」就是將「步驟2」中所賺到的金錢做為基本資金，接下來就是學習並打出靠自己能力賺錢基礎所在的「基礎技能」。

應該學習的技能條件有下列三項：

・需求比供給要更多，能提高市場價值的技能。

・可在家工作或能獨立作業，工作模式自由度高的技能。

・覺得自己做起來會很愉快的技能。

選擇有高需求度的技能，因為這是能夠提升金錢自由度的重要元素，只要具有高需求度，很自然地工作的價碼也能變高。

然後在選擇一技之長的時候，盡可能學會有可能在家工作，無須固定工作時間等等這一類能具有高自由度的技能吧，就算需求高、價格高，但被工作方式綁住的話就毫無意義了，所以在選擇的時候，還是要記得挑選將來在時間上可以擁有高度自由的專業技能。

最後是「做了會覺得很愉快嗎？」這一點也相當重要，即使是拿到了錢還能夠選擇工作方式，卻完全沒有任何樂趣，每一天都只有覺得痛苦的話，精神上就無法獲得自由。

因此在挑選技能的時候，記得要選擇能夠滿足人生攻略所提到的「金錢自由」、「時間自由」、「精神自由」、「身體自由」這四項自由。

具體來說的話，以「程式設計」、「影片編輯」、「設計」、「卡通動畫的製作」、

「廣告代理」、「社群網站的代理經營」等就屬於最佳選擇了，只要是從這些當中做選擇的話，基本上就沒有問題，請在經過多方的嘗試挑戰後，再依照對每一種技能的喜愛程度，去考慮想要學習哪一種技能才好。

基本上，在「有發展性的業界」中，「對於人才需求的平衡度，傾向於『需求』（＝人才不足）的技能」很容易提高市場價值，而薪水或是酬勞也會跟著成正比。

以IT產業舉例來說，正陷於慢性的工程師不足危機，因此社會上對於工程設計的人才需求就變高了。

根據經濟產業省在二〇一六年所公布的「IT人才最新動向以及未來推測的相關調查結果」，在二〇一五年約為十七萬人左右的IT界，架構上人才是不足的，推算到二〇三〇年會擴展到七十九萬人。

接下來是中小企業也會不斷投入IT產業的時代，然而IT人才卻不足夠，因此這種「供需吃緊」的專業技術就成為下手目標。目前自由接案的工程師平均年收入是八百六十二萬日幣（這是根據登記在接案工程師專門仲介公司「Levtech Freelance」裡，自由接案工程師的工作內容，來自二〇一八年七月的實際數據），由此就能夠知道「程式設計」這項技能的市場價值、薪水或酬勞，究竟有多高了吧。

這一次是依照我過去曾做過程式設計工程師的經驗，將程式設計拿出來舉做例子，其他當然還有許多類似的技能，請務必從前面舉例過的「程式設計」、「影片編輯」、「設計」、「卡通動畫的製作」、「廣告代理」、「社群網站的代理經營」等等，選擇出喜歡的一樣去學習看看。

▼讓技巧上身的最有效「學習順序」

接著就要來研究，該怎麼做才能夠讓所謂的技能，以「最短時間、最快速」的方式來學會呢？

我認為想以最短時間、最快速來學會技能的話，依照下面順序進行會最有效率。

①要學習什麼才好，確定「方向」。

↓

②透過免費網站學會「最低限度知識」。

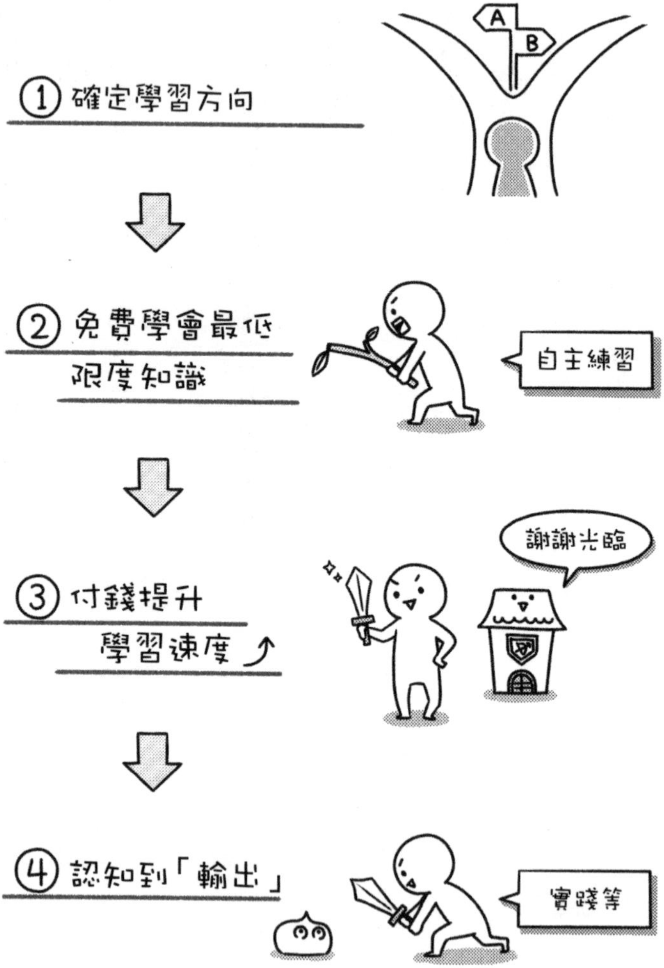

學會技能的最有效率學習順序

←③善加利用收費課程，或者是付錢給授業的人，來提升「學習效率」。

←④認知到怎麼「輸出」服務開發等。

看起來好像不是很懂的話，那就換成是要參加大學聯考好了，更容易有代入感。

①確立應該怎麼學習的「方向」。

←②透過教科書或學校上課來學會「最低限度知識」。

←③善加利用補習班或家庭老師，來提升「學習速度」。

←④經過模擬考來「輸出」學到的知識。

大學聯考不愧是每一年讓許多人通過的大道，已經確立出「確實」且「以最短時間、最快速而有效率地」學習順序。

▼為什麼需要「確立學習方向」？

在這個順序當中最為重要的一件事，也是最難以想像的事情，就是**①確立自己的學習「方向」**。

所謂的「確立學習方向」，就是要對「學習這個以後，想要做什麼？」這個問題能有明確的答案。

那麼就讓我以程式設計來舉例說明了。

跟程式設計的初學者聊天時，會很驚訝居然有這麼多人都是「雖然毫無頭緒，總之就是先隨便學學看程式設計」。

很可惜的是這絕對算不上是有效率的學習方法，因為隨著「透過程式設計，想要做些什麼呢？」的問題，學習內容也會有很大的不同。

具備了程式設計的技能以後——

- **學習Web開發，發展個人服務。**
- **開發出iPhone或Android的應用程式。**
- **研發自己想要的遊戲。**
- **製作人工智能，進行各式各樣的分析。**

等等，能夠從事的事物範圍可說是多樣又多元。

但是也正因為可以做的事情實在太多了，就經常會發生「原本是很想設計遊戲的，結果自己認真學習的卻是Web開發的相關課程」這樣的悲情狀況。

所以在開始學習以前，必須先確認「學習這個以後，想要做什麼？」好好考慮清楚「我現在要開始做的努力，是否為正確的努力方向呢？」

▼為什麼「付費學習」不可少？

接著的步驟②**「透過免費網站學會『最低限度知識』」**，應該就沒有說明的必要了吧，無論是學習程式設計也好，學習影片編輯也好，或者是學習設計，都有很多針對初學者，免費提供學習方法或具體知識的網站，不妨以此來跨過學習的入門門檻吧。

不過再來的步驟③**「善加利用收費課程，或者是付錢給授業的人，來提升『學習效率』」**，可能會有人覺得有些不適應。

面對考試，有些人不需要上補習班或者找家教老師輔助，而是僅透過課本知識或學校上課就去應試，所以難免會覺得「有必要特別花錢去學習嗎？」而心生懷疑。

其實③**「善加利用收費課程，或者是付錢給授業的人，來提升『學習效率』」**這個步驟，是基於我自己的失敗體驗，希望讓大家了解到「這個很重要」而加進來的步驟。

我真心確定想要「學習程式設計」，是在大學一年級的時候。

當時手頭並不寬裕的我，完全沒有想過要付學費去上程式設計課程，而只是透過自學私下努力。

為了解決一個錯誤得花十至二十個小時處理也就很理所當然了，雖然一直覺得這樣「很沒有效率」，但因為不懂得正確的學習方法，就只能夠老老實實、愚鈍地去學習程式設計的必要知識。

就這樣進行中的某一天，突然匯來了意想不到的臨時收入，是的！就是在第一章中曾經稍微提過，對自己投資的基本資金的「獎學金」。

實在是已經厭煩看不到終點，懶散地自學著程式設計的我，在一拿到了獎學金以後，就決定要去上程式設計課，只花了五分鐘時間就已經申請好學校。

第一次上程式設計課的時候，我受到了極大的衝擊。

有系統地整理過的學習教材，然後是有問題可以盡量發問的環境，就連我當初難以理解的概念，也透過程式設計學校的教材，以圖片或具體範例獲得了清楚易懂的解說。

包括困擾了我整整三天的錯誤，在問過程式設計學校的老師後，只花了五分鐘就解決了。

說實話，過去以來我都太過小看程式設計學校、收費教材還有收費課程了。

因為一直都認為「靠著網路上的資訊，自學絕對綽綽有餘了吧」。

然而只上過一次程式設計課程後，我的價值觀整個崩壞了。

那是因為我花了「九萬日幣」的學費，省下原本自學需要花上一年、兩年才會的程式設計知識，僅僅兩個月時間而已，就能夠學到基礎的技能。

如今回頭看就覺得當初不應只想著靠自學，而是要立刻給專家教導才對。

這也是為什麼要再學習技能的「最短時間、最快速」順序裡加進**「善加利用收費課程，或者是付錢給授業的人，來提升『學習效率』」**的原因。

即使到現在，我每年還是會在自我投資上投注約二千萬日幣，因為從我過去經歷的事實應該就能夠清楚了解到，對自己投資是多麼重要的一件事。

在對自己不斷做好輸入的作業以後，請務必要記得要跟著做輸出的工作。

需要具備「學會了程式設計以後，這些學到的技能應該嘗試著提供一些服務」、「學會了設計以後，應該要靠著學會的技能來嘗試著設計一張傳單」、「學會了影片編輯，就該嘗試著幫忙編輯某個人的影片」這樣的輸出念頭。

除了要確立清楚學習方向以外，適當地花錢學習並一邊重複著輸出的練習，相信在短時間內，你的技能就能夠不斷提升。

▼學會技巧很難？沒這回事

「程式設計還是影片編輯、設計這些都好難喔。」

「只有念理科的聰明人才會吧？」

「能夠獨立成功的，僅有一小撮人啦。」

恐怕會有人這麼覺得。

不過這可是天大的誤會了！

我自己就是真正去學習了程式設計，才發現工作是這樣跟著來的。

原本在觀察需求與供給之間的平衡時，只要選擇需求高的技能的話，某種程度來說，取得高單價的工作其實並不會很困難。

也就是說，只要能夠獲得單價較高的工作，在金錢上擁有自由度的話，完全沒有必要成為「非常少數的頂尖自由接案工作者」。

話說回來，想要成為業界第一的工程師，還是具備能夠編輯電影等級影片的技能，可說是非常困難。

但是如果只是想要「具備工程師或影片編輯師的技能，生活擁有某種程度的自由」，那就不會是什麼難事了。像是從完全沒有經驗開始，經過半年至一年時間，成功轉職成為工程師，年收入大幅度增加的案例，還是一點經驗都沒有的學習了影片編輯，大約半年時間就擁有超過一百萬日幣月收入等等的案例絕對不勝枚舉。

擁有「平均值以上」的技能在身，確實抓住發包商的需要，仔細地去完成工作的話，就不會有問題。

而且現在包括了娛樂、金融、體育等等非常廣泛的範圍中，都開始靈活地藉助IT或影片的輔助，這可不像是運動員那樣，僅僅數十人、數百人市場就會飽和的小小世界。

只要認真學習，人人都可以學得會，加上條件很寬，卻很少有人以此為目標，所以才能夠說機會絕對是滾滾而來。

但是還要特別提醒，千萬不要因此就有誤解，認為程式設計、影片編輯、設計等等的學習是「超級輕鬆」的事情。

正因為是學習全新的事物，自然需要付出一定程度的努力。

我自己本身從零知識的狀態開始，到學習起程式設計，最後接到第一筆單價一百萬日幣的案子，可是花了兩年左右的時間。

「人生攻略之道」絕不是「輕鬆就能賺錢」系列的奇怪推銷，還是需要花一定程度的時間和努力才能達成。

很多人一聽到要努力就打退堂鼓，但是我卻認為「現在努力個二至三年，消除人生中的不安因素，以此獲得時間上／精神上的自由」，比起「三十年、四十年間都抱持著不安去持續工作」要更有壓倒性地輕鬆快活。

以「最為確實的方式」且「最迅速的效率」實現「最輕鬆的人生」，這也就是「人生攻略之道」的奧義。

現在市面上推出了各式各樣以低廉學費，就能夠學習各種技能的課程。將這些好康加以靈活運用，一定會發現原來「程式設計這種東西，令人意外地很簡單嘛！」、「所謂的影片編輯，嘗試了以後才發現居然這麼有趣？」，大大降低了心理障礙。

不過對於各種技能當然也存在著合適或不合適的問題，因此不妨從前面舉例過的「程式設計」、「影片編輯」、「設計」、「卡通動畫的製作」、「廣告代理」、「社群網站的代理經營」等等各種技能中挑選幾樣，慢慢第一點一點嘗試看看吧。

每一件事情「不嘗試就放棄」實在非常可惜，對於各式各樣的不同技能，不妨先輕鬆地透過「免費網站」等嘗試看看，經過實踐去實際接觸看看，從嘗試這一件事情來開始吧。

步驟4 利用學會的基礎技能「賺錢」

▼「賺錢」究竟是怎樣一回事？

來到「步驟4」，就是使用「步驟3」中學會的技能去賺錢。終於是要正式進入**「運用技巧，賺取金錢」**這個階段了。

在全世界有許多的國家，會在學校教育裡設計課程教授「賺錢這檔事」的意義，或者是提供體驗的場所，相較之下日本就沒有這樣的教育內容，也因此對於金錢擁有「賺錢是壞事」這種思考障礙的日本人就非常的多。

所以在想利用技能賺錢時，不妨先停下來，好好思考「賺錢這檔事，究竟是怎麼一回事」吧。

對我自己來說，我認為**「收入所得乃是衡量價值的成績表」**。

將具有價值的事物提供給社會並且賺得豐富回饋，絕對不是件壞事，僅僅只是提供了好東西，並且取得了「好報酬」這樣而已。

做了壞事來賺錢，絕不是取得「好成績」，就只是「竄改成績單」而已，像這樣的生意手法早晚有一天會露出馬腳而破產。

就算沒有到竄改數字的程度，但還是有做著「真正的實力只有六十分，想辦法修飾後看起來變成有九十分」這樣生意的人，以學校成績來解釋的話，應該就像是「考試成績雖然是六十分，因為受到老師喜愛，就會因此獲得九十分成績的學生」，但其實這種取巧方式，隨著年級越往上，換了老師以後，真正的實力立刻就會曝光。

不竄改成績，也不會靠拍馬屁打馬虎眼，而是誠實地將目標放在「取得好成績」上，這才是應有的正道。

▼「誠實交易」讓社會變得富裕

誠實的交易能使得社會整體都變得富裕，而不老實的交易卻會讓整個社會陷入停滯。

假設分別有「A公司」、「B先生」以及「C先生」，

A公司設定為經營電腦店的公司，

B先生是自由接案的工程師，

至於C先生則是自由接案的設計師。

工程師B先生在A公司的電腦店中，以十萬日幣買了台電腦。

工程師B先生將十萬日幣交給A公司的電腦店，接著B先生拿到了電腦。

A公司以十萬日幣，委託設計師的C先生幫忙設計自家網站。

A公司的十萬日幣交給了設計師的C先生，A公司也擁有了設計完美的公司網站。

設計師C先生以十萬日幣，發包給工程師B先生，請他設計可以進行結帳的系統。

設計師C先生的十萬日幣交給了工程師B先生，設計師C先生則獲得了結帳系統。

最早工程師B先生所持有的十萬日幣，在經過A公司、C先生手中一圈後，最終又回到了工程師B先生所有。

只看金額數字的話的確是「跟原來一樣」，但是整體看來卻絕非是「跟原來一樣」。A公司擁有了價值十萬日幣的自家網站，工程師的B先生擁有價值十萬日幣的電腦，設計師C先生則是獲得了十萬日幣價值的結帳系統。

十萬日幣在繞完一圈回到B先生手中時，三方加起來的「財富總額」成為了「四十萬日幣」，不僅沒人有損失，而且是人人都賺到的局面。

如果能夠讓像這樣讓「三方（三個人）」的規模拓展成「一億兩千萬人」的話，日本整體都會跟著富裕起來，要是能夠達到「七十七億人」的話，整個世界都能變得富有。

善加運用金錢，彼此持續地供給有價值的事物，就能全體一起變得富饒。

這也正是「活絡經濟」這句話的本質所在。

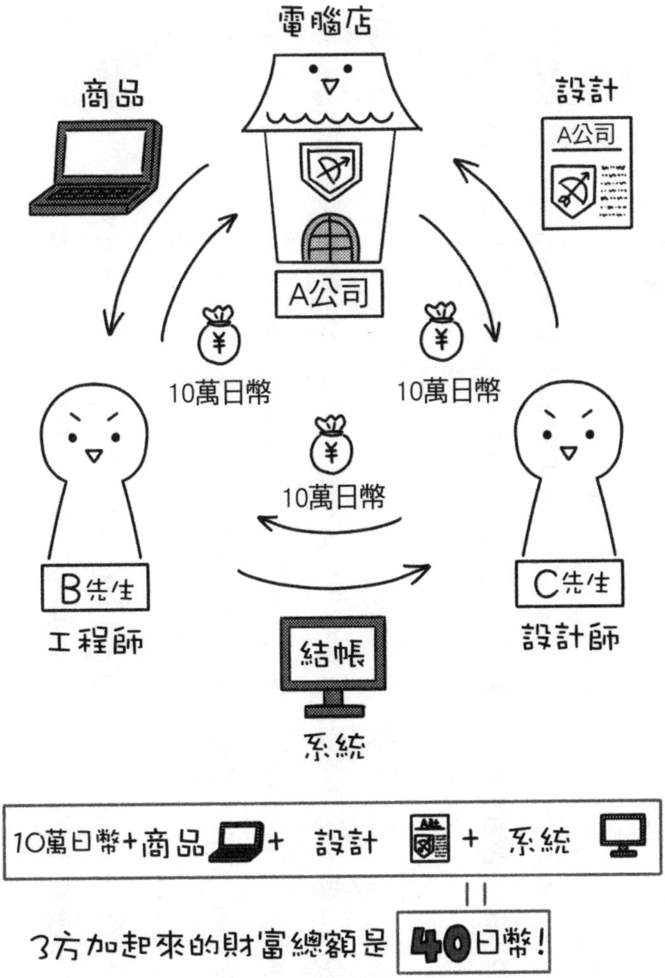

誠實交易讓社會變得富裕

來假設一下，工程師B先生賣給設計師C先生的結帳系統，萬一是沒有十萬日幣價值的不良假貨時，會發生什麼狀況呢。

因為結帳系統無法像C先生所要求的那樣順利運作，使得C先生無法結帳跟著中斷了工作，接著工程師B先生就不會再次發包系統相關工作了吧，那麼經濟發展到這裡就會中斷。

但是工程師B先生賣給設計師C先生的結帳系統要是能夠持續順利運作，設計師C先生不僅自己覺得滿意，而且未來有需要新的系統開發時，還是會委託給工程師B先生吧，或者是向同業的D先生介紹「工程師B先生的結帳系統很棒喔」，也有可能擴大經濟發展圈。

依照這樣的思考模式，磨練自己的技能並且獲得一份等價的工作，證明了這不僅是一個非常好的行為，同時還有助於經濟發展。

誠實交易讓世界全體都跟著富裕，不老實的交易則會讓全體社會停滯不前，這絕非什麼「精神論」，而是遵循經濟法則的一大事實。

只要是聰明的創業者，就會懂得「讓自己變得富裕的最短捷徑，就是讓自己紮紮實實的從事誠實交易」這個道理。

▼主軸首要先累積「實務經驗」，未來就有可能立刻創業

・收入的數字總額，也就是價值提供的成績表。

・接著讓自己變得富裕的最短捷徑，就是讓自己紮紮實實的從事著誠實交易。

就以這兩點為前提，再來談「利用學會的基礎技能『賺錢』」。

學會的基礎技能如果是「程式設計」的話，高薪案件的尋人條件幾乎都會加上「實務經驗○年」這樣的限制，因此首要之務就是換工作並累積實務經驗，接著再來承接高報酬的案件抑或是以自由接案者來獲得工作，就會是最短的捷徑了。

「什麼嘛，最後還是要換工作再給人雇用不是嗎？」「要是換的新工作是黑心企業該怎麼辦？」可能會有人這樣想，但請大家放心，因為擁有程式設計能力的人才十分搶手，要是換了工作的職場屬於黑心企業的話，那就立刻辭職再去找，下一個工作機會

多得是，**只要這樣完成了「實務經驗〇年」的限制以後，接下來無拘無束的生活就等在前方。**

至於學會的基礎技能如果是「影片編輯」、「設計」、「卡通動畫的製作」等，立刻就能夠展開自由接案的工作了。

想要馬上就獲得大企業提供的大型案件的確是很困難的事，但是這個社會的絕大多數是中小企業或個人事業體，並且當中多數都屬於「很想要善用IT科技，卻都是不會用的一群人」，**因此「影片編輯」、「設計」、「卡通動畫的製作」這些技能，提供的正是這群人所需要的價值，工作機會自然很容易馬上就出現。**

至於如果是網紅的話，通常會透過社群網站「募集影片截圖的負責人！一張一千五百元日幣、每個月需要約二十張，預計採用二到三人」來募集人手，競爭率自然是會很高，但是可以很明確地說應徵門檻極低。

▼如何爭取到工作？

想透過網路獲得工作，那就是將自己過去的各項作品上載至社群網站或一般網站，以此向企業或網紅來「我做得到這樣的成果！所以，請給我這樣的工作！」自我行銷，會更加有效果。

上載至社群網站的各項作品，並不一定非得是「實際的工作成績」才可以。

為了提升技能而在閒暇時間練習創作的影片，或者是卡通動畫、設計等等，都可以直接當作是「過去的作品集」。

當然擁有越多「實際的工作成績」，或者是每一件作品越是具有影響力的話，越容易贏得發包商的信賴也是不爭的事實。

在沒有「實際的工作成績」狀態下，該怎麼累積出「具有影響力的實務工作」呢？

依照我自己的見聞，會覺得「這樣做很有效」的方法，可以舉頻道訂閱人數有一萬至

兩萬人左右的當紅YouTuber為例，「我只需要行情的半價，請讓我來編輯你的動畫影片」、「請讓我用便宜的價格先設計一張，品質有滿意的話再繼續發案子來就好了」等等，能夠運用到自己的技能並向對方推銷。

如果能夠成為「擔任過頻道訂閱人數有一萬至二萬人左右的YouTuber的影片編輯」，絕對是很了不得的成績，為了擁有這樣的經驗，才會特意放棄酬勞高低，用「可以很便宜，請讓我做做看」來請託。

按照我實際看過的例子，要講便宜的話，甚至還有人喊出「我可以出一千日幣，請讓我幫忙製作影片編輯」。

從YouTuber的角度來看，能夠用便宜價格編輯影片（甚至還能反過來獲得一千日幣），要是有喜歡的話再予以採用，不喜歡的話再找別的人重新編輯就好，一點壞處都沒有，若是從影片編輯者的角度來看（抑或是反過來付出一千日幣），以便宜價格就能夠獲得「擔任當紅YouTuber的影片編輯」這樣的實際成績，可說是兩者都擁有Win Win雙贏局面。

明明現在談的是「利用學會的基礎技能『賺錢』」，卻要用低廉價格去做事，甚至還

用低廉價格向小有名氣的人提供技能，可以累積實務經驗。

要自己出錢來獲得工作，恐怕會有人覺得，怎麼想都是很奇怪的事情吧。

但是，這其實正是所謂的：**「一開始不談錢，而是賺取信用」**概念。

能夠幫擁有眾多追蹤者的網紅或YouTuber編輯影片，這樣的成績也可以算是信用的一種。

以上班族獨立出來做事為例，在公司時的實務經驗或人脈，絕對會是一大助力。

另一方面來說，磨練自己的技巧並且以此來賺錢，絕不會有「出不了頭」的後果，因為以低廉價格接案工作來累積實務經驗，讓更多人了解到自己所擁有的實力，這是非常重要的一段必經過程，一旦能在網路上累積出口碑與經驗，影響將會是遍及全世界。

所以一開始用便宜價格來接案子的作法，將它視為廣告費的話，絕對是十分低廉的支出。

而且透過網路獲得工作的機會，在晨會或異業交流會上非常容易出現。

一般來說，精於網路活動的人會透過「線上」加深交流，疏於網路活動的人則傾向於「線下」來強化互動，當自己擁有別人所沒有技能並與他們聚會時，誕生全新商機的機會自然滿滿都是。

▼「價格」與「品質」的比例是否恰當？

怎麼樣都找不到工作，在這個時候恐怕是自己的經營方式已經違反了「商業原則」。

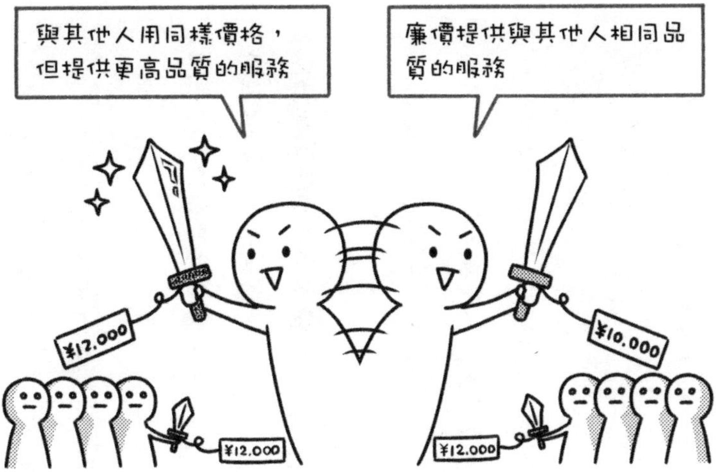

在無法獲得工作的時候，就要確認清楚商業原則。

所謂的商業原則是——

「與其他人用同樣價格，提供比他人更高品質的服務」；

或者是——

「提供與其他人相同品質的服務，但比他人要更便宜」；

當中的其中一樣。

有沒有可能是提供比其他人品質更低的服務，卻與他人用相同的價格在販售呢？

或者是提供與其他人相同品質的服務，卻比他人用更高的價格在販售呢？不妨仔細想想看。

容易造成誤解的一點，就是對於商業

「服務品質」的概念。

委託一類的商業「品質」，絕對不僅僅只限於「能夠提供多麼精心的服務」，除了要在細節非常注意，交出高品質的作品以外，還有——

・是不是符合客戶的要求？

・完成速度是不是很快？

・交流溝通是不是很仔細？

等這些原則也都非常的重要。

而超越了客戶的需求，花滿滿時間去完成作品，已經不能算是在工作，僅僅是陷入了個人自我的「意趣」世界裡。能夠依照對方的需求，在較短的時間裡完工並交付的人，才是屬於商業「品質」較高的一方。

發包工作給你的客戶，正是因為有著「想節省自己的時間」這樣的需求，才會將工作委外處理，因此無須太過講究，以較短的工作時間，將自己覺得「對方是不是需要這樣的商品？」的作品以多段章節或樣本提供出來，能夠這樣做的人自然可以吸引到無數工作機會。

▼「步驟4」的金額目標是二十萬～五十萬日幣

在「步驟1」裡，已經設定好——

①將每個月生活所需控制到極限時，最低限度的必要生活費。

②能夠偶爾奢侈一下，覺得「每個月要有這麼多的話最好」的生活費。

這兩種階段的必要收入了。

到了靠技能來賺錢的階段時，如果能夠將收入從必要收入①的最低底線，拉升至②的階段的話，就是最理想的發展。

擁有「只是生活費的話，靠自己的技能隨時都可以賺到錢」這樣的狀態，不僅是一層

防護網，更為接下來轉向「積極進攻」時候作最安全的打底保障。

順便提醒在這個時候回顧一下，「步驟3」的自我投資基金，也同樣是靠「步驟2」所賺來的錢而累積出來，因此費用上完全沒有列入計算，既然沒有被任何人雇用，那麼赤字的風險自然也是零，**完全不必擔心會需要承擔風險，就能夠獲得了「賺錢」技能在身。**

而且因為習得的技能屬於市場需求較高的一種，賺錢獲利的重複性當然也會變得很高。

不過無論是去經營接案，還是真正工作處理案件，目前現狀都是使用到自己個人的時間，因此應該也會是「儘管開始賺到了一些錢，但是工作時間相當長」這樣的狀態。

所以接著下來就是將目標轉為發送情報訊號，以利於提高個人認知度，縮短經營所耗費的各種支出，展開全新服務並開發潛在客戶。

步驟5 使用社群軟體「發送訊號」

▼為什麼「發文」非常重要？

將自己所擁有的能力、自己所具備的技能昭告天下是非常重要的事情。

在「步驟4」這個階段裡，已經詳細解說過如何學習技能，以及花時間來使用技能賺錢。

在某種程度來說，當自己的技能一步步地提升，為了讓擁有這種技能的我，能快速被需要的人找到，就必須善加利用社群軟體等進行分享、發文行動。

使用部落格或YouTube來推銷自己雖然最好，但是因為難度比較高，首先不妨從

Twitter或Instagram做輕鬆分享開始，以此來習慣「發送訊號」。

發送訊號的好處，大致有下列這三項：

發送訊號好處1：「行情」會更好

發送訊號好處2：「獲益」機會增加

發送訊號好處3：「粉絲」或「同好」會增加

來一一地了解內容吧！

▼發送訊號好處1：「行情」會更好

一般來說，提出或接收工作的流程，會是在當工作出現的時候，由提供者發出「現在有著這樣的工作，有沒有人願意接？」的訊息，而接案者則是提出「我願意！我能

透過發送訊號，對於接案者這一方會比較有利。

做！請交給我！」這樣的形式讓工作成立。

如此一來，很自然地提供業者一方就會比較具有掌控權，當想爭取工作的人數超過好幾人時，就會出現「行情落在一千元日幣左右，但八百元日幣我就能做」、「不，六百元日幣就可以」這樣的價格競爭，提供者這一方也因此握有了「選擇報酬最低廉接案者的權利」。

但是如果想要接案的這一方能夠積極地發送訊號，那就會因此產生截然不同的相反狀況。

利用社群軟體發出「我會開發新系統」、「我會影片編輯」、「我會設計」這些訊號，就能夠吸引多位提供者聚集。這樣一來，**「最高報酬的提供者」的選擇權利，就成為接案者這一方的了。**

社群網站中，發文者屬於能吸引人們目光匯聚的系統，越是勤於發文分享，對於這些追蹤者就越具有影響力。

提高收入的原則，就是在判斷供給與需求之間的平衡時，得將自己擺放在需求高的位置，然後透過發送訊號就能夠拉高自己個人所求。

▼發送訊號好處2：「獲益」機會增加

在「步驟4」中以學習到的技能賺到了錢。

不過對你來說，在學習技能的同時肯定也獲得了「經驗」。

只靠技能來賺錢就太過浪費了，應該要將這個「經驗」也拿來賺錢。

舉例來說，要是你學習了影片編輯並且擁有成功賺到錢的實際成績，那麼就可以出售「一小時三千日幣，就能夠教你怎麼樣進行影片編輯」這樣的個人指導服務，以此來牟利。

另外，也可以將成功轉業成為程式設計師的經驗，透過社群網站分享以後，販售轉行的相關諮詢服務也是很可行。

在社群軟體上有著形形色色的人，思考模式非常不一樣的人、情況與眾不同的人等等，與半年前或一年前的你有著相同情況的人其實非常多。

基於「收入金額就是價值提供的成績單」這樣的思考方式，對於想要獲得你個人經驗的人來說，提供他經驗或知識的行為，不僅能賺到錢，而且相當具有「價值」。只要市場上有需求，對於這樣的需求可以提供什麼價值，不妨思考清楚做法就能夠去一一落實了。

同時在使用社群媒體時，也會發現需求總出現在意想不到的地方。

在某間大企業擔任文書工作的一位女性，將在工作中熟練習得的「PowerPoint的使用方式」、「Excel的使用方式」、「企劃文書的製作方式」透過Twitter來分享，獲得了「這個很有幫助」、「想要拜託妳幫忙整理資料」、「希望能傳授更多資料整理方法」等等極大的迴響，也讓她決定離開公司、成為「文書建檔顧問」的自營業者。

對她來說，這不過是每天工作裡很尋常會有的資料整理，「沒想到居然能夠賺錢」，最吃驚的還是她自己。

儘管對於自己個人來說，就是沒有什麼特別的「普通經驗」，但對於部分接受者卻是「具有付錢價值的經驗」，像這樣的需求的確真實存在著。

試著「找出某個人的煩惱或是潛在的需求，提供自己的價值，順利地賺到錢」這樣的行為，對於你未來在計畫什麼新事業的時候，一定能夠派得上用場，不妨透過社群軟體，來好好磨練自己的市場需求敏感度吧。

▼發送訊號好處3：「粉絲」或「同好」會增加

這恐怕就是最大的好處了吧！

持續地發送訊號，不僅能讓對方看到這些發文內容，還能夠先充分了解你的人格特質後，再來按讚追蹤，至於有「這種人完全不想要特別有接觸」想法的人，從一開始就不會按讚追蹤，所以**非常容易透過社群軟體結識到認同自己的價值觀、來應援支援的「粉絲」或者是同樣想要攻略人生的「同好」。**

我自己會透過社群網站發出「要有經常學習新事物的態度」或「要有挑戰新事物的態度」的內容，當然對我自己來說，這些都是很「尋常的心態」。

因此在看過社群網站的發文後，會有許多人表示「想跟你見面」、「想要多聽聽迫先生的意見」，在這些人當中有非常多都具備著奮發向上的上進心，並且是擁有旺盛的求知慾。

而想要和我見面的人們，通常也具備著「有上進心」的人格特質，因此透過持續的發送訊號，就能夠形成「可以輕易跟志同道合的人相見」的架構。

像這樣能夠自然地遇見自己想見的人，或者是幫忙找到合得來的人的工具，就全仰賴社群媒體了。

▼該「分享什麼樣的內容」較好？

儘管說著「來發文吧」，但是，應該「分享什麼樣的內容」才好？

應該有人會有這樣的疑惑吧。

基本上來說可以自由發文，但也可能會被認為「雖然說可以自由發文，但要是知道怎麼發文的話就不用煩惱了」，所以我就先將自己研究過，初期在社交網路上具有效果的「發文」主題一一整理出來。

①能讓人了解過去作品或技能的推文

發文內容

① 能讓人了解過去作品或技能的推文

② 從過去經歷中獲得的經驗分享談

③ 能夠教授他人，提供有所幫助的情報

④ 個人價值觀的發文

⑤ 分享自己最近挑戰的事物

⑥ 為了吸引粉絲，能夠貼近發文者個人生活分享的推文。

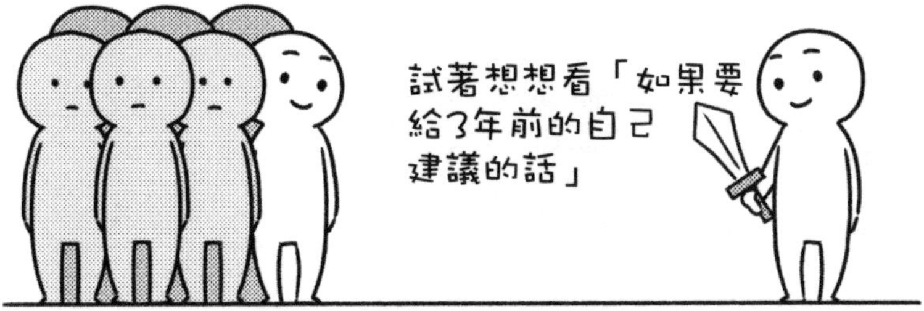

初期在社交網路上具有效果的6個發文主題
至於②或③則依照給3年前的自己建議來做假設就可以。

②從過去經歷中獲得的經驗分享談

③能夠教授他人，提供有所幫助的情報

④個人價值觀的發文

⑤分享自己最近挑戰的事物

⑥為了吸引粉絲，能夠貼近發文者個人生活分享的推文

大致上只要遵循這六個主題來發文，追蹤人數應該就會逐漸增加，關於**「①過去的作品或技能」**與**「②從過去經歷中獲得的經驗談」**在前面都已經討論過，無論多麼微不足道的事情，都有可能成為工作機會的種子。

對於②或③在發文時能夠有所幫助的，就是「給半年前～三年前的自己的建議會是什麼？」來思考就可以。

令人驚訝的是，在這個世上還是有很多人依舊處於「自己三年前的狀態」，對於這樣的人，就必須直截了當地「你對於過去的自己想要給出什麼建議」詢問。

要是發文的目標是以初出茅廬的工程師時，就需要用上**「現役工程師的意見，程式設計學校的挑選方法」**這樣的題目，是不是感覺很容易被打動呢？「過去自己的模樣」

迫佑樹@程式設計講師
@yuki_99_s

如果有中學生還是高中生的追蹤者，我想說：「壓歲錢不可以存起來」。

拿到壓歲錢後，將這1、2萬日幣存起來，經過10年也不過就增加到一頓餐敘錢而已。

但是現在就花掉的話，可以獲得影響一生的知識或經驗。

1萬日幣的價值會隨著時間年年減值。

上午11：52・2020年1月2日・Twitter for iPhone

推文活動顯示

3.8萬Retweets 12.4萬Likes

關於我個人價值觀的實際發文內容

正是話題的一大寶藏。

至於**「④個人價值觀的發文」**這部分，就以我個人實際例子來說明吧。

我以前曾經發過「雖然大家都覺得壓歲錢要存起來比較好，但我認為壓歲錢要花掉才對」這樣的內容。

嘗試著發送「一般都會是這樣的說法，但也並不全然絕對如此」這樣一類的個人感想。

我發「壓歲錢應該要花掉」這篇文的主旨，在於

「當小學生或中學生的時候，能夠使用一萬日幣的話，可以獲得影響一生的知識或經驗，就算將這一萬日幣存了起來，將來長大成人後，很簡單就能賺到一萬日幣，感謝的心情就會因此變淡，所以該花的錢早點花掉才好」，可說是主張「自我投資」重要性的一篇發文。

我自己平常有些什麼疑問時就會發文，完全沒想到會得到「三・八萬Retweets」、「十二・四萬Likes」這麼大的迴響，一定是因為跟我一樣有「那時候的壓歲錢，要是能有效使用的話該多好」這樣想法的人非常多吧。

還有就是認同我的價值觀的人，很多都會來追蹤我的發文，分享自己價值觀的推文要是能被喜歡的話，就能發揮出驚人爆發力。

「⑤分享自己最近挑戰的事物」可以很有效地讓追蹤者感受到「這個人不只是嘴巴講講而已，實際上還是會『去做』的人哪」。

例如是我的話，除了發送「擁有多個收入來源是很重要的事」這樣的價值觀，還會有「新的事業就是開了珍珠奶茶店」或者是「推出全新的網路服務」等，依照這些價值觀來逐一跟大家分享自己採取的行動內容。

粉絲
Ayaka@副業青學生 @amyonosuke・4月16日
大家好！我叫Ayaka
這些是我的文件夾，編輯能力是在迫先生@yuki_99_s生火腿帝國@nhtk21的#MovieHacks學會的！
編輯相關的委託，請至DM洽詢！
#影片編輯#影片編輯者募集
破盤價
影片編輯
1段 3000 ～
4.5 萬次點閱
0:54 / 1:13
40
54
629
在Movie Hacks上課的Ayaka小姐實際推文

在社群媒體上許多人都是「嘴巴很會講，實際上是完全沒有任何行動的人」，反過來說，正因為社群媒體的世界裡有這樣的人佔據了一大半，所以只要稍做行動並有成果出現，就能夠與其他人分出極大的差距。

隨著行動一邊發文，「發送訊號」的說服力也能夠因此更有力道。

除了我以外，再來舉一些其他的例子吧。

在我公司所提供、影片編輯講座Movie Hacks上課的女大生Ayaka小姐，從開始上課起不到兩個禮拜時間，就透過社群媒體接到案子了。

以「利用社群媒體公布自己製作的作品，一邊每天在Twitter放上影片」，老實地不斷重複著相同的發文模式。

在Twitter上有著無數的影片編輯者，但是大多數編輯者都只有「請給我工作」而已，社群網站上卻完全沒有留下任何證明自己實力的要件或是行動記錄，相較之下，Ayaka她就在社群媒體上有能夠展現個人實力的製作成品，以及過去所做的努力等訊息，這也是為什麼她從「完全沒有經驗」開始學習僅兩個星期，就能以驚人的速度獲得了案件委託的緣故。

最後是**「⑥為了吸引粉絲，能夠貼近發文者個人生活分享的推文」**。

這個部分只要視為類似「發送福利」就OK了。

如果全都是太過嚴肅認真的推文，很容易讓追蹤者有「感受不到人味，很難以親近的一個人」的誤解。

建議不妨偶爾不需要那麼認真，試著發一些具有人味的推文看看。

▼「發文」不優也沒關係

「以前的作品集都是很生澀的東西，分享出去實在太丟臉了」

「自己過去的經驗談什麼的，真的很普通，根本不值得特地發文分享」

「就算拿三年前的自己為題來發文，但早就已經有人比我更厲害了」

「把自己的想法分享出去，真的會獲得認同嗎？」

一邊想著這些事情，一邊對分享發文猶豫不決的人多得是。

我認為這樣實在是非常可惜的一件事。

我自己是「一開始的發文不優也沒關係」這樣想的，反而還認為「越是生澀越好」。因為將自己最笨拙生澀的內容，對著全世界公開分享，未來就能夠有所成長，能夠越來越流暢不是嗎。

的確在這個社會裡，製作出比自己更棒的作品，比自己擁有更創新思考發文的人比比皆是。

可是這些人並非你的對手，也不是你的客戶候選人。

社群媒體的優點就是——會有各種不同程度的人混雜其中，假設自己就算在總共一百個等級當中僅在「二十」這一級，對於那些沒有達到「二十」這個等級的人來說，依舊可以從你身上學到許多東西。

不僅僅是這樣，你的發文對於那些所謂的資深者，也就是是擁有八十級或九十級技能的人同樣能看得到，對他們來說，你分享的內容或許相當幼稚、拙劣，但是這些人從一開始既不是你的「粉絲」也不是「同好」，更不可能是「客戶候選人」吧，那麼就沒有必要在意了。

最重要的就是，向全世界想要獲得像你一樣技能的人，好好地分享相關情報資訊，能夠將價值提供給某人的這件事才最實際。

不管怎麼說，到目前都沒有分享過任何內容的人，光是能夠將自己的想法分享給全世界，就邁出了很大的一步，因此在考慮到內容生澀還是拙劣之前，首先不妨誇獎自己，願意跨出這麼重要的一大步吧。

▼建議以真名「發文」，並且避免產生爭議

用真實名字發文以及匿名發文，對於情報資訊的說服力是完全不一樣的，因此應該要實名分享才好。

比起實名發文所獲得的好處之多，壞處可說是幾近於零。

「不對不對，萬一在網路被罵翻不是會損害到名聲嗎」

「要是被朋友發現就丟臉了」

「如果引來負評的話，光想就很可怕……」

可以理解為什麼會有這樣的想法。

不過冷靜下來看看各種範例以後，會在網路被罵翻的發文，大多都是因為「分享的情報資訊原本就是錯誤的」。

只要謹記著「分享讓自己爸媽看了也能覺得驕傲的內容」以及「即使是中學生、高中生這些未成年人看了也不會有問題的發文」這兩點，就絕不會有失言招來大量負評的

狀況。

具體來說，應該要避免的主題有：

- **太低俗的黃色笑話**
- **太過頭的政治內容**
- **太過頭的宗教內容**
- **針對某人的輕視內容**

這些內容，不管怎麼說，只要是依照前面介紹的內容來分享，可以清楚了解到跟禁忌主題完全沒有關連吧，所以完全不需要過度擔心。

至於「要是被朋友發現就丟臉了」之類的相似煩惱，這不過就是因為「從一開始分享出讓朋友發現會丟臉的內容本身，就是問題所在了」，如果覺得自己真的是在提供好的情報資訊的話，那麼就不必心虛地分享即可。

如果是讓朋友看到會覺得羞恥的內容，建議最好是改變自己的發文風格。

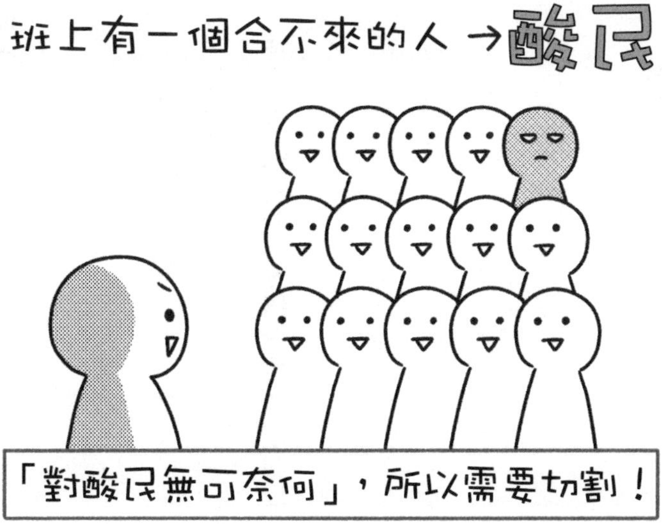
班上有一個合不來的人 → 酸民
「對酸民無可奈何」，所以需要切割！

「酸民＝合不來的人」，把酸民當作「多出來」的東西劃分開來吧。

依照我個人的經驗談，就算在社群媒體上分享「個人意識強烈的內容」，發現這個推文的朋友反而出乎我的意料，居然會是大力支持。

要是你在社群網站上看到朋友很認真地表達個人的強烈意識時，是不是會想要聲援他？也就是說，彼此的心情都是一樣的，如果有朋友在看到你認真挑戰的模樣還嘲笑的話，早晚變成話不投機的局面，不如重新審視彼此的友情吧。

只要是正正當當的發文分享，願意應援自己的人自然會跟著增加。

▼「酸民＝合不來的人」，有酸民的存在很正常，因此還是要繼續發文

在能夠避免「被網友罵翻」的同時，很遺憾的「出現酸民」卻是無可避免的事情，但是同樣的對於酸民也無須過分在意。

你在小學生或中學生時代，班上一定會有一個或兩個人讓你覺得「跟這個人好像合不來」吧，請將酸民當作是這樣的人就好。

我現在擁有超過八萬名追蹤者，要是換算成四十人的班級的話，總共大約會有兩千個班級，依照「班上有一個個性合不來的人」這樣的想法，那麼就會算出有兩千人是「合不來的人」，而這完全是你無可奈何的事情。

能夠跟全班同學都交好的人根本不存在，所以把酸民視為「多出來」的東西並劃分開來吧，要是還是很在意的話，將對方「隱藏」起來就OK了。

要做的不是去在意酸民，而是要了解到：「無論在現實世界還是網路世界，總是會有和你合不來的人或意見相左的人」才是最重要的事情。

步驟 6
使用部落格或YouTube「強勢推銷」

▼分享「完整的」思維模式能增加粉絲與同好

相較於在社群媒體上以「輕鬆發文」為主，那就可以設定在部落格或YouTube 要「強勢推銷」了。

在「步驟⑥」這個階段，會需要增加「鐵粉」或「頑強同好」，開拓其他能聚集客戶的路線，以增加來邀約的工作機會，深入挖掘在社群網站上獲得許多「按讚」或「轉推」的主題並發文分享。

在Twitter上有「一篇推文僅能使用一百四十個字元」的字數限制，並不適合需要深入探討的單一主題發文，例如在前面曾經舉例分享過的「壓歲錢存下來很浪費」題目，就可以很直截了當地發文分享出自己的想法，卻無法深入說明「實際上我的壓歲錢都用在哪裡了？」或「能夠獲得什麼樣的經驗？」還是「如何出現在自己現在的人生中呢？」

這一點在部落格或YouTube上就能夠供應許多情報資訊了，部落格能夠一一詳細記述，而YouTube也可以透過十分鐘左右的影片做好歸納。**不僅只是「想法的一部分」而已，要是能夠完整分享到「會出現這樣想法的背景」，可以更為增加說服力，也越容易吸引到「鐵粉」還是「頑強同志」了。**

▼「不想著賺錢的分享」才正確

在Twitter或部落格、YouTube分享資訊時：

「這些有利的情報資訊為什麼要免費分享呢？」

偶爾會被人這樣問。

而站在發文分享立場的你來說，對於自己發送的訊號，恐怕也會覺得有些部分「如此重要的情報資訊卻是免費發送，好浪費」。

我認為只要是有益的情報就不應該害怕分享出來，應該要拚命地免費發送才對，就如同在「步驟4」有稍微說明過一樣，我一直相信著「誠實交易讓社會變得富裕」、「讓自己變得富裕的最短捷徑，就是自己這個人從事誠實交易」。

首先自己能夠誠實地提供大家有用的情報的話，在訊息交流之下，自己也能因此獲得有益情報，因為抱持著這樣的想法，所以才會接二連三不斷地發送情報資訊。

持續不斷地免費提供自己的價值，錢自然就會跟著來，千萬不要計較太多，大量地供應情報吧。對於你所提供的情報，就算只幫助一個人讓他的人生朝向好的方向發展，那也算是一大成功，然後依照這樣的好的循環，終有一天一定匯回饋到自己身上。

▼增加發文社群媒體，讓收益範圍更廣

當自己在部落格或YouTube的影響力越來越大以後，就能夠做得到「介紹自己真的很推薦的服務，並因此拿到介紹費」。

因為是願意好好閱讀完長篇大論，花數分鐘認真看完你的YouTube影片的鐵粉，所以只要是你認真推薦的商品，總是會有幾個人願意購買。

不過請注意一點，就是「千萬不能為了介紹費或收廣告費，而介紹低劣的商品」。

現在的狀況是你要向讀者建立出屬於自己的價值，陸續增加粉絲的時候。

所以在此時要是只為了數十萬~數萬日幣的廣告費，就賣低劣商品給讀者，絕對不是聰明的作法。

交易買賣的原則，應該是「提供金錢以換取對應的價值」，無論發生了什麼事，這個想法一定要牢記在心。

而且透過部落格或YouTube獲得廣告費的方式，只要介紹的是好商品的話——

- **對企業來說，能夠讓更多人使用商品。**
- **讀者會滿意於遇到好商品**
- **發文者在介紹好商品的同時，獲得企業給的廣告費。**

就能夠創造出三方獲利的狀態。只要能時時具備著提供自我價值，並換取對價金錢這樣的意識，就不會有大的失敗出現。

我在程式設計相關話題，就利用部落格發出如下的一些內容。

- **在學習時，碰到的難題是什麼？**
- **哪一種教材才是有幫助的？**
- **去哪一類程式設計學校學習？**
- **挑選程式設計學校類別的關鍵是什麼？**

像這樣一個又一個的「經驗」，不僅能成為發文的話題來源，也會是賺錢的來源。

我賺錢來源的其中之一，就是在部落格寫下自己曾經學習過的程式設計學校的經驗談，而因此拿到了廣告費。

簽訂的合約內容就是每個月提供程式設計學校一百人以上的學生，每介紹一個人就能拿到一萬日幣的廣告費，光是因為部落格而產生的廣告費，每個月收益就超過了一百萬日幣。

利用發文不僅能獲得工作機會，還能因為廣告得到收益、提供追蹤者想轉業的諮詢服務等等，所以不妨在提供自己的服務的同時，同時聰明地販賣並以此來賺錢吧。

▼「步驟6」的金額目標是三十萬～五十萬日幣

只要步上一定軌道後，光是靠部落格或YouTube賺得的廣告費，每個月賺得三十萬至五十萬日幣絕非難事。

同時還會因為自己的發文分享，能夠刪減為了接到案子而花費的營業支出，能夠讓自己漸漸地掌控到時間上的自由。

像這樣「發送訊號」的技巧要能夠越來越熟練，「賺錢」這件事也能夠越來越輕鬆。

150萬日幣的案子幾乎確定啦啦啦！

150萬日幣的案子，有史以來最高單價 ☺☺☺☺

小小開心到自言自語了☺☺☺

無論怎麼說都是因為迫先生(@yuki_99_s)
的幫忙 🙇

還要繼續加油！！

午後9:35 · 2020年6月24日 · Twitter for iPhone

1 Retweet　244按讚

因為已經是深夜了，所以只能小聲說
其實這一次的150萬日幣的接案

並沒有做任何推銷 🙇

是對方提案過來的
所以連結真的是非常重要
信賴也同樣是很重要的事

一整天都在這麼想

午前2:57 · 2020年6月25日 · Twitter for iPhone

32按讚

不做任何行銷，就獲得單價150萬日幣案子的學生的真正推文。

在我公司的線上課程上課，學習程式設計以及部落格經營、影片編輯的學生，就是這樣不斷發文，因此不需要做任何推銷，就獲得單價一萬日幣的網頁ＡＰＰ開發案。

而且從開始學習技能開始到接到工作發包，僅僅只過了三個月時間而已，經過一連串的努力到最後，果然成功獲得了前所未有的高單價案子。「擁有技能的同時也要發送訊號」，其破壞力之強可見一斑。

步驟7
部分工作「外包」來減少工作量

▼該如何讓自己不動也能提升業績

為了獲得能夠將「金錢自由」、「時間自由」、「精神自由」、「身體自由」全部實現的「人生攻略狀態」，就不可避免要進行事業的「外包化」、「自動化」和「分工」。

到「步驟4」之前都是提高自己的技能，增加收入的階段，接著透過「步驟5」、「步驟6」的發送信號活動，進展到了「分散收入來源以及刪減行銷支出」。但是如果總是停留在這個階段的話，收入額度總是會有盡頭，萬一再碰上事故或生病、不得不被迫長期休養的時候，收入就可能一口氣歸零，陷入了危機。

所以在「步驟7」至「步驟9」裡，就要來減少事業中「必需親力親為的部分」，創造出「即使自己暫時停止工作，業績也會成長的狀態」。接下來站在經營者角度看事情會多過自由接案的思考模式，但是只要依照順序，對於已經做到了「步驟6」的人來說，相信可以輕鬆過關。

▼「那樣的賺錢方式，未來能夠累積至億嗎？」

我自己會開始注意到「外包」、「自動化」、「分散」的重要性，是在以工程師身分開始工作，部落格也步上一定軌道後沒有多久的時候。

當時的我，月收入大約是二百萬元日幣左右，會接受企業委託開發交友APP或是Line的Bot，努力更新部落格來獲得程式設計學校的廣告費，額外也會更新一下減肥部落格來吸引點閱，每天工作都十分充實。

在這個時候有幸聽到年營業額約三億日幣經營者的心得。

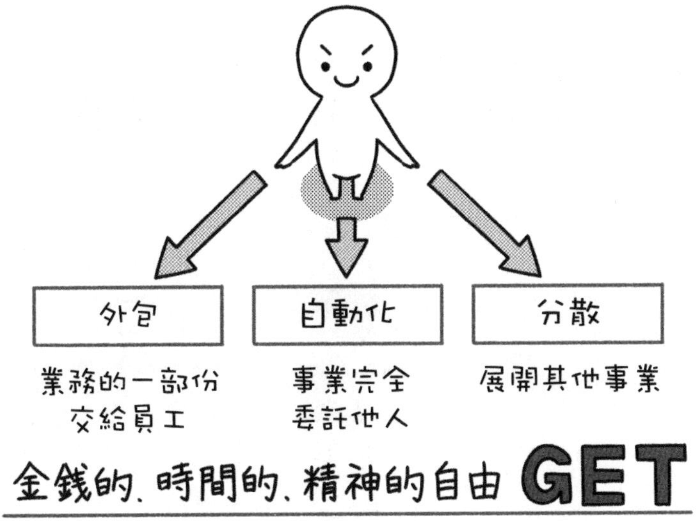

為了擁有「人生攻略狀態」，必須要將事業「外包」、「自動化」、「分散」。

這位老闆偶爾會受邀到我參加的網路社群中，以來賓身分進行對談企劃，我會清楚記得是因為當時覺得這個人的收入金額位數完全不一樣，內容又非常的有趣，特別是「我開補習班，每年獲利是以億為單位來計算」的內容，對當時的我來說衝擊非常大。

原本欣喜於「月收入突破一百萬元日幣！」的我，才知道「原來我還差得遠了」，儘管是透過螢幕在觀看這一段來賓對談，卻讓我感覺見識到了一個未知的新世界。

無論怎樣是很就想跟這位老闆說上

以那樣的賺錢方式，
你看得到獲利上億的
未來嗎？
!?

年賺3億日幣經營者的震撼提問

話的我，利用Twitter想辦法跟這位老闆聯繫上，並且跟他取得聯絡，還約好了要直接見面。

這位老闆在見面後，了解了我的收入狀況，並這樣說：

「用這樣的賺錢方法，你能看得到自己將來獲利破億嗎？」

問了這樣的問題。

即使是現在重新回想當下，還是覺得那次是非常震撼的一場會面。

▼創造即使沒有你也能運作的「機制」

他還持續問下去：

「你之前拿到的APP開發報酬是多少？花了多少時間？」

「拿到一百四十五萬元日幣，花的時間……大概是每天五小時、共六十天左右，合計差不多三百個小時吧。」

「如果是這樣的話，時薪就是五千元日幣左右了，照這樣的工作模式繼續下去，運氣夠好的話可能會獲得時薪一萬元日幣的工作，但就算如此，每個月賺二百萬日幣左右就已經是極限了吧？想要每個月賺到一千萬日幣的話，就必須要持續賺到時薪約十萬日幣，但是在現實當中，會願意付時薪十萬日幣給工程師的客戶絕對很少，因為願意更低價、有高品質工作的工程師非常多。你要知道，光靠自己動手的話，收入總有一天會到頂。」

才剛見面，連自我介紹都沒有很詳細，他就告誡我關於「外包」、「自動化」、「分散」的重要性。

「目標月營收一千萬元日幣的話，就得要創造出沒有自己也能持續運作的機制，你拚命地寫程式，更新部落格獲得了一百萬元日幣，跟沒有你但機制還是能夠運作賺到一百萬元日幣，兩者質量完全不一樣。差別就是在於一個是沒有了你就會歸零的一百萬元日幣，一個是沒有你還是能有業績並賺到的一百萬元日幣。能夠創立好機制並順利運作的話，月營收一千萬日幣、年營收一億日幣都是可以看得到的。」

▼一年工作十小時，其他「交給廣告及員工」就可年賺億萬

相信大家一定很好奇，「講了這麼多，這位老闆到底做什麼了不得的生意？」

實際上，真的是很厲害。

他的主要事業是經營補習班，而補習班的經營都是靠著廣告以及外包給員工，全部自動化了。

實際上為了經營補習班，他真正的工作時間一年只有大約十小時左右，儘管如此，該補習班的收益卻能超過一億日幣，換算成時薪的話，已達到了一千萬元日幣的數字。

靠自己工作賺到金錢，跟靠機制賺得金錢，即使相同金額但質量完全不一樣。

為什麼做得到這樣的事情呢？

關於大學聯考，他做了一段相關的YouTube宣傳影片，而這段YouTube影片能夠搭配廣告，每播放一次大約要花五塊日幣，就能夠吸引閱聽者聚集，這就是YouTube的廣告機制，也就是說投入五百萬日幣的廣告費，就可以買到一百萬次的播放。

假設投入五千萬日幣的廣告費，就能夠收集到共計一千萬的閱聽者。

如果一千萬次的廣告影片被看過以後，有百分之零點零一的人對補習班感興趣，然後去參加說明會，這個時候就會有一千人來聽補習班上課說明會。然後參加補習班上課說明會的人當中，有三成真正報名上課的話，補習班就能夠獲得三百名學生。

這樣就完成了「花五千萬日幣的廣告費，補習班獲得三百名上課學生的機制」。他的補習班一年學費大約是一百萬日幣，也就是說，有三百名學生報名並出現三億日幣業績的架構，付完管理補習班的負責人以及在補習班打工的人事費用，再扣除教材開發費用，估算下來一年還能剩下超過一億日幣以上的收益。

一般希望到補習班上課時期集中在三至四月，依照這個趨勢投入五千萬廣告費並開始播放影片，光是這樣做，就能確定一年有超過一億日幣的利益，而這位老闆就是不斷重複使用著這個機制賺錢。

他的工作基本上只有下列兩樣而已——

・確實付給員工薪水，花錢放廣告，並調整能夠有更多業績・有更多利益的機制。

・一至三月請員工整理補習班學生的心得還有實際成績，並以此為內容，拍攝預計要用在YouTube廣告的影片。

「一整年的工作時間，大概只有十個小時吧。」他笑著這麼說。

但是，這只是他的「客氣話」。

他光是為了「創造出一年中只需要工作十小時的運轉機制」，就絕對不可能「一整年當中只有工作十小時」。剩下的時間則全用來在學習上，像是學習的市場調查策略，或開創新的商機等等。

讓「機制」以最低勞動時間運轉，多出來的時間就能夠用來鑽研「提高附加價值的研究」，也就是達成了「能夠自由地運用時間」，同時他還使用同樣的「利用廣告以及外包來運作事業」模式，除了補習班以外，還經營著好幾樣不同的事業。

可說是完美地活用了「外包」、「自動化」，獲得「金錢自由」、「時間自由」、「精神自由」、「身體自由」的成功案例。

▼首先從小型的委託案開始挑戰

要想一口氣接近「無拘無束的人生」，就是「外包」、「自動化」，而最快速的捷徑就是「外包」。

就像剛剛所介紹的老闆一樣，「一年只工作十小時，賺到一億日幣」的外包門檻，挑戰等級實在是太高了，所以首先在這個階段裡先來認識小件的外包委託吧。

具體來說，建議可以先從自己平常的工作內容裡，嘗試著將「無論誰來做，結果都一樣的工作」外包看看。

以我自己來說，是將部落格的洽詢回答，還有來申請程式設計線上講座學生的銀行匯款查驗等事物，交代給外包人員來開始做起。

就像我自己曾經發生過的一樣，從自由接案起家的經營者，「很容易變成什麼都自己來」。

但是只要將思考模式從「自己做」切換到「交給別人做」，做為經營者的視野也能一口氣拓展開來，增加了工作的自由度。

外包這件事一點都不困難，付了錢、誰都可以來幫忙做你的工作，如此而已。

▼自營業者容易身陷於「工作狂狀態」

大家聽過「工作狂」這句話吧。

在老闆或者是自營業者身上很容易發生的問題，太過沈溺於工作中，在不知不覺間就給自己製造非常大的壓力。

我自己也曾經有過深陷於工作狂狀態的時代，忙著處理程式設計案件，更新Twitter，更新部落格，拍攝線上課程使用的影片，撰寫網誌，回答上課學生的提問……等等，曾經連續好多天都是工作超過十六個小時以上。

過著這樣的生活，讓當時二十二歲的我出現了什麼問題？

就是圓形禿。

過年時回到老家，被爸媽突然發現「你禿頭了耶！」

本來還以為他們在開玩笑，照了鏡子發現真的禿頭，得了圓形禿的毛病。

為了得到自由而創業，卻因為工作過度導致壓力太大，根本是本末倒置了。

所謂的經營者，應該盡量少動而以少少的工作時間產生收益，才是最恰當的想法，所以一開始不妨先從小件的委託外包做起。

步驟 8
把自己的工作歸零，讓事業「自動化賺錢」

▼「委外」與「自動化」的不同

「委外」與「自動化」做為快速捷徑，在「步驟7」當中已經將「無論誰來做，結果都不變的部分工作」外包了。

接下來「步驟8」，要來建造能夠自動不停產生業績的機制。

「委外」與「自動化」的不同，接著會做說明。

委外……把「一部分事業」交給別人，無論誰來做，結果都不變。

自動化……把「整個事業」交給別人

也就是說確立「事業負責人」，創造出自己不動還能運作的機制，就是「自動化」這一步要做的。

一開始出來自己做的時候，我都是自己寫程式，寫部落格，經營線上課程，一一回答各種問題，檢查申請線上課程學生的匯款等等，這是到「步驟6」時的狀態。

到了「步驟7」進行「委外」作業，就把無論誰來做結果都不變的工作如洽詢對應、還有檢查匯款等事項交給別人。

等進入「步驟8」的時候，以我的「全部線上講座事業」為例，就必須要邁向全部都交給別人的狀態。

另外在開創事業時投入了廣告費，靠著花錢減少勞力、心力，接下來更可以有效率地開展事業。

▼知識共享平台「Brain」就是自動化的產物

我在二〇二〇年一月時，在網路上釋出了知識共享平台「Brain」這項網路服務。

就算是成立這個「Brain」，無論是開發還是運轉都全部自動化，並且工作得非常不錯。

首先我付錢給專案經理，告知大致想要的功能以及概念後，所有的計畫進行就全部交給他們。

接著專案經理就「這項工程就由A工程師來負責」、「這項工程就拜託給B設計師了」等等決定好各項工程的負責人，一邊發派的同時，工作進展也由他幫忙管理。

我的工作就是監督由他管理的進度報告，「每週一次、一次十五分鐘的會議」以及「推銷已經完成的產品」，值得信賴的專案經理也如同我的期望完成，老實說，我幾乎沒有花什麼時間就推出了服務。

不僅僅是「自己什麼都不用做，就可以經營原有的事業，還能提高業績」這樣而已，能夠獲得像「Brain」這樣「自己什麼都不用做，就可以培養新事業，還能提高業績」的狀態，非常的安心。

實際上無論是珍珠奶茶店還是髮廊，也都採用相同的模式，只需要聘僱事業負責人，除此之外全部都交給這個人來處理，而我只要決定大致的方向，匯錢給對方就是我的工作內容。

另外像是網路媒體的成立等等，也完全委託給優秀的網路經理處理的模式來進行工作，依照這樣的方式，我自己實際上不僅不需要怎麼工作，還能夠以極快的速度來運作事業。

▼透過自媒體尋找可信之人並委以工作

不過在「自動化」之餘，當然也會遇到「人」的問題。

要是委託給能力差的人擔任事業負責人或專案經理，不要說自動化了，連事業本身都面臨是否能持續的危機。

因此在這裡很重要的一件事，就是在此之前介紹過的「步驟4」靠技能賺錢～「步驟5」透過社群「發聲」的過程了，在「自己動手賺錢的時候」，該怎麼樣遇見有能力並擁有共同工作價值觀的人，對未來將至關重要，只要能夠了解對方是怎麼樣在工作，全部委託他人的不安就能夠減少。

「當然會想要委託給優秀的人，但把事業交給優秀的人，難道不擔心被對方搶走嗎？」

像這樣的不安，只要依照「步驟5」～「步驟6」來做就能夠消除。

沒錯，在你的身邊匯聚而來的，已經都是認同你的價值觀的「頑強同志」，在這樣的狀態之下遭遇莫名其妙「被背叛」的機率就很低了。

就像是我的員工，會聚集而來的都是對我發送的訊號有相同感受的一群人，不僅更容易溝通意見，在組織體制內「人與人」的糾紛也不容易發生，最重要的是因為我經常會「發出訊號」來積極發文，所以大家也都是屬於「會發文分享的人」，這樣的人聚集在一起，也讓我更便於知道他們「究竟是什麼樣的人」。

在「步驟5」～「步驟6」提到的「發送訊號」的效果，這時候是不是就很清楚了？果然除了靠廣告費賺錢以外，發送訊號也是同樣有力的一大工具。

步驟9
分散「收入來源」

▼只仰賴單一事業，是相當危險的

「從0到億！社畜也能財務自由」的人生攻略之道終於來到了「步驟9」，亦即「分散事業的收入來源」。

二〇二〇年因為新冠肺炎疫情的衝擊，許許多多創業者們都體認到「只倚賴單一事業有多危險」的事實。

其中特別受到巨大打擊的就是只有經營餐飲業而已的人們，餐飲業絕大多數都屬於

「每天靠顧客上門來賺錢」，以此來運轉資金經營生意，一旦停業的話，「房租」、「人事費用」就會是沉重負擔，導致許多店家都面臨了經營困難的狀態。

然而你能夠來到「步驟9」的階段，就表示已經具備有能夠經營多個事業的資金、人脈以及外包或自動化的技能了，無論是從迴避風險的角度來看，還是想永遠掌握「金錢自由」、「時間自由」、「精神自由」、「身體自由」的立場來看，都應該為自己增加多項事業體。

▼將觸角伸向與基本事業不同的範疇

想要「分散收入來源」、「增加事業」的時候，很容易就會變成與「基本事業有加乘性的選擇」。

的確在一開始的時候，為了「增加自動化的賺錢模式」、「為了讓業績能夠蒸蒸日上」而尋求加乘效果的目標並沒有錯，但如果從迴避風險的角度來看，不要被基本事業所束縛，拓展更多元事業才是安全的作法，**因為潛藏著「失敗的時候，全部都會失**

敗」這樣的危險。

我自己經營著「線上課程事業」、「餐飲業、髮廊等實體店鋪系列事業」、「產品銷售事業、網購系列事業」以及「經營網路服務事業」這四種事業。

雖然統一歸類為「線上課程事業」，但實際內容卻是非常多樣，一開始先是成立程式設計課程，上了軌道之後繼續橫向規劃，繼續推出了影片編輯課程、設計課程、前端開發課程、動漫課程等等，徹底追求「與基本事業的加乘效果」，可以算是能夠輕鬆拓展業績的方式了。

但是在這些事業通通上了軌道之後，我選擇開展「產品銷售系列事業」、「髮廊」、「餐飲店」這些與過去截然不同型態的事業。

儘管業務種類完全不同，無論是「線上課程事業」、「產品銷售事業」、「髮廊」還是「餐飲店」，生意模式的基礎全部都是一樣的，不過就是將「線上課程事業」的成功模式，直接套用在其他行業而已。**創造出「用比其他公司更低廉價格，提供比其他公司更好商品的機制」，並且「比其他公司更容易獲得顧客」僅僅只是這樣而已。**

▼為避免失敗時全盤皆輸，事業領域不要有重疊

前面雖然已經有簡單解釋過了，不過接下來最為重要的事情就是「已經擁有的事業，以及並沒有重疊的另一種事業」。

舉例來說，如果已經擁有了「線上課程系列的事業」，那麼接下來就應該要擁有餐飲店這類有著實體店鋪的「非線上系列事業」，如果已經擁有「像餐飲店一樣需要採購的事業」，那麼接著就要擁有像髮廊這種無須採購的生意。就是像這樣，在已經擁有的事業裡去填補不足的方向來擴大事業的同時，也能夠建構出不怕意外發生的穩固事業體。

「這種不熟悉的業界事務，什麼都不懂……」，在這種時候，最值得信賴的自然還是「鐵粉」或者是「頑強同志」了。

因為在「步驟5」～「步驟6」有確實地發送訊號，因此當自己遇到困難時，願意傾聽、出力幫忙的盟友也會增加。等到進入「步驟9」的階段時，因為你個人的能力或技能也變得很高超了，一定能夠遇見更多有魅力又優秀的人們。

▼比起「資產運用」，更應該重視「對事業的投資」

在移動到「步驟10」之前，請讓我解釋一下我對於「資產運用」以及「對事業的投資」的態度。

肯定有人是只要存了一點錢就考慮馬上運用在資產上，但是我並不贊同這樣的想法。

透過資產運用所能獲得的利益，一年約百分之五左右，就算擁有一億日幣，一年裡也僅僅是產生五百萬元日幣而已，一千萬元日幣的話更只有五十萬日幣。

但如果是投資在事業上的話，以一千萬元日幣為本，將一年賺一千萬元日幣定為可實現的目標，等於就是跟進行年利率百分之百的投資是一樣的道理。

實際上我二〇二〇年一月在滋賀縣開幕的珍珠奶茶店，初期投資花了大約六百萬日幣左右，第一個月的利益就超過了一百五十萬日幣。

另外由本公司所開發，在網路上知識共享平台的「Brain」這個APP，到釋出為止所耗費的開發費用是七百萬日幣，而這個APP第一個月的業績居然就高達了四千萬元日幣，我手中剩餘的利益遠遠超過了六百萬日幣，大約只花一個月時間就回收了所有當時在開發這款ＡＰＰ所付出的絕大多數的成本費用，儘管後來又進行功能追加的開發或強化伺服器，在公布之後還會有費用產生，因此嚴格來說並無法在一個月裡就能真的回收，但是事業投資獲利回本的效率之高卻是不會改變的事實。

要是想要讓資金有效率地運轉，投資在事業之上絕對是上上之選。

那麼就來快速地回顧一下我的足跡。

首先是拿到獎學金做為種子基金，上程式設計學校課程來磨練技能（步驟3）。靠該項技能賺錢（步驟4），使用社群媒體或者是部落格，向全世界的人分享自己的技能、經驗和想法（步驟5～步驟6），然後從「自己親自動手，來持續賺錢」轉變成「交給別人，將事業外包、自動化並分散」的型態，改變自己的態度，經營線上課程事業（步驟7～步驟8），為了讓事業能夠更穩定，因此獲得的利益繼續投資在產品行銷系列的事業、髮廊、餐飲店上（步驟9）。

步驟1～步驟9是我的經歷

到了「步驟９」的階段，你的手邊除了擁有豐厚的資金以外，更應該已經培育出足以交付工作的人才。

好不容易有一起成長的人才，卻不加善用實在是很可惜的事，隨著事業的擴展，培育出來的人力就應該不斷賦予他們責任感，彼此一起有強大的成長，不是很值得開心的事情嗎？

這也是為什麼我會重視「對事業的投資」更勝於「資產運用」的理由。

至於在「步驟10」中進行的資產運用，比起將剩餘資金存放在銀行不動，還不如拿來做為資產運用比較聰明，請抱持著這樣的想法來看待。

步驟10 將剩餘資金做為「資產運用」

▼懂得活用資產就是一道護身符

所謂的資產運用，並不是做為「增加資產之用」，而是「為了能夠守住資產」，絕對不會有「靠著資產運用一舉逆襲致勝」這種事。請依照收益率百分之五左右，可以獲得穩定的非勞動所得收入的觀念來看待。

這當中一定也有人是「透過資產運用，一邊慢慢地增加資產，一邊以微退休為目標而工作」，我覺得如果要做這樣的打算，還不如投資事業更能夠增加財富。

順便要說的是，在這本書中我已經很多次提過了「資產運用的收益率如果有百分之五來考慮時……」

為什麼我要考慮到「資產運用的收益率是百分之五」呢？

原因就在於「百分之五」上下是最為實際的數字。

大家是否都聽過「S&P500」標準普爾500指數呢？這是依照美國最具代表性的五百大品牌股價為基礎，並以此做計算的股價指數，看看過去一百年的平均值，每年大約可以期待百分之九點五左右的回饋，儘管因為新冠疫情使得指數一度下挫，但在過去的一百年中，即使發生戰爭、即使有雷曼兄弟事件，依舊是以平均百分之九點五持續成長的股價指數，我估計將來不用多久就會恢復原來榮景，因此看到這個數據，只要購買與「S&P500」連動的投資信託基金，就可能透過資產運用獲得年平均百分之五的回饋。

然後我還這樣想，在操作資產運用的時候，能夠切實感受到金錢增加就必須是「操作資產運用的本金得要從超過六千萬日幣開始」。

假設是年利率能有百分之五的六千萬元日幣商品，並以此來進行金融操作，一年的回饋是三百萬日幣，透過股票投資獲得的利益需要扣繳約百分之二十二的稅金，因此扣完之後實際金額會是二百四十萬日幣。

也就是說一個月左右獲利二十萬日幣，做為完全非勞力所得來看，可說是相當不差的金額。

同時只要能夠完成到了「步驟9」，闖過「步驟10」就是時間早晚的事情了，幾乎什麼都不必做就能提高利益，因為擁有著隨時間越久越能夠成為有錢的機制。

來到了「步驟10」的階段時，就能夠發展成為下列的狀態。

從資產運用獲得收入，每個月有約二十萬日幣的進帳

←

萬一就算是投資失敗了

←

還有到「步驟9」前建構的多個事業體的收入

←**萬一就算是事業不成功**

←**還在繼續經營社群網站，可以透過朋友獲得工作發包**

←**萬一就算是社群媒體也沒有用**

←**還有在「步驟3」所培養的技能，想要生活溫飽也不成問題**

生活就能像這樣，處於十分穩定又擁有高度自由的狀態。

所有的機制或事業都能夠順利運轉的話，接下來就算是躺著也能夠不斷有錢進來、成為大富翁。

這也正是我想要的「人生攻略之道」的終點。

第 3 章

刺激動機，
踏上「財富的無限循環」

最後的關鍵字：「動機」

▼列出「不想做的事情名單」

到目前為止，我自己十分重視的價值觀，以及如何擁有無拘無束人生的「人生攻略之道」全部都一一介紹完了。

但是還是很容易出現「方法我都知道，但是就是很難將初心維持下去」這樣的煩惱。所以在這裡就要來傳授，保有動機的有效方法。

跨越動機這道高牆，採取適當的行動，踏上「財富的無線循環」時，之後就可以非常輕鬆地拓展業績以及利益了。

大多數商業書籍當中的成功法則，都是寫著「寫下自己想做的事情名單吧，這樣就會一一實現」，但就像是我前面說過的一樣，預期「想做的事情」其實沒有太大的意義。

無論怎麼說，我覺得最重要的應該還是「不想做的事情」。

其實我以前真的寫過「不想做的事情名單」。

給大家看看其中的一部分——

【不想做的事情名單】

- 不想穿西裝工作
- 不想搭通勤電車
- 討厭無法吃到美食
- 不想做被某人指派的工作
- 不想每個月都做一樣的事
- 討厭忙過頭
- 討厭無法成為資產的工作

· **討厭在金錢上沒有自由**

· **討厭無法確保玩樂時間**

· **討厭麻煩的人際關係**

自己重新看一遍，有點不像是大人的清單，但本書的目的「擁有無拘無束的人生」當中，定義之一就是**「討厭的事情統統可以不必做」**，所以對我來說是意義重大的一份清單。

確認清楚「不想做的事情」，「創造出可以不必做這些事情的環境」。

這樣一來，很自然而然就能讓人生越來越加無拘無束。

▼最後就會知道「自己該做的事情」

所以請大家重新再看一次名單，應該可以發現「不想做的事情」全部都是「具有現實感」了吧。

勉勉強強列出來的「想做的事情名單」裡，很容易會寫出「想住在高級大樓的最頂層」、「想開高級車」等等一類遠離現實的事情，而「不想做的事情名單」則是都與現實有直接關係，所以自然很容易去研究「為了不想做這些事情，應該要怎麼做才好」的相關對策。

寫下「不想做的事情名單」，最終會成為「現在必須去做的事情」，並且能夠因此刺激到動機。

舉例來說，就算只有考慮到下列這三點——

- **討厭在金錢上沒有自由**
- **討厭無法確保玩樂時間**
- **討厭麻煩的人際關係**

已經可以預見到「只能夠靠自己創業，並以此為目標，才能奮鬥建構出資產」。

如果更加仔細地反過來計算，我的情況就是——

寫下不想做的事情名單
←
發現自己完全不適合上班族這種被固定的工作模式
←
了解到創造資產的必要性
←
考量到生活費，每個月最低需要二十萬日幣
←
換算成年收入的話，最少會需要二百四十萬日幣
←
依照收益率百分之五回饋來過日子的話，會需要六千萬日幣的資產（也加了稅金繳納的部分）
←
十年就要達成的話，每年需要六百萬日幣的存款
←

上班族的話絕對存不到的一筆金額
←
使用消除法，那麼「只有創業才辦得到」

就這樣很明確地確定出應該要做的事情，而且只要一有確定答案，人類可是相當出乎意料的行動派。

當然並不是每一個人都有創業的必要，如果只是「討厭通勤，但每個月做一樣的工作是OK的」，只要把居住地點離公司近一點，就能夠提高個人自由度，要是「討厭擔心收入不固定」，反而更不應該辭掉公司來自己創業，要做的話就是維持在「週末創業」的程度，這樣精神上的自由度也能夠提高。

確定清楚「自己不想做的事情是什麼」，就能夠發現自己想要的「自由型態」。

「有錢人」為什麼能一直可以是「有錢人」？

▼富者恆富，貧者越貧的原因

那麼在活用了想做與不想做的事情名單，並跨越了動機的障礙以後，接下來的進展就會快很多。

為什麼這麼說，那是因為我所存在的這個社會，屬於「富者恆富，貧者越貧」這樣的世界。靠著「人生攻略之道」一路走到現在，應該不難歸納出這樣的事實吧？一旦成為了「有錢人」，接下來財富就會像滾雪球一樣的方式不斷增加。

那麼「有錢人」與「窮人」的差距，其實並不僅是「擁有的金錢數字」而已，大致說

窮人
有錢人
空
資產
資產
因為有著
人脈・知識・經驗・情報
這些伙伴，讓有錢人只會越來越富有。

這個世界就是有錢人更加有錢，窮人只會越來越貧窮。

來，我認為還有——

・人脈
・知識
・經驗
・情報

這些無形資產的差距更是相當巨大。

▼提高自己本身的「稀有價值」，情報自然就靠攏過來

我自己是一直到了最近幾年，才終於與視資產額「破億」為理所當然的資產家們開始往來，每一次與他們對談時，總會被其所擁有的「人脈」、「知識」、「經驗」、「情報」之豐富而無

比佩服。

這些人就算是突然間變得身無分文，也有能力立刻滿血復活吧，畢竟他們擁有著驚人的「人脈」、「知識」、「經驗」、「情報」。

好比說——

・某個國家的不動產價格接下來可能會上漲

・利用某個制度，就能適用優惠稅制，非常划算。

・在某個地點，擁有特殊技能的人才正在增加當中，創立仲介服務公司的話就能進行交易了。

這一類的情報資訊，對他們來說就像是呼吸一樣平常接二連三出現，全部都是可以換成大筆金錢的珍貴情報。

但是這些情報，一般普通人不可能得到。

那麼我能夠從這些資產家們身上獲得珍貴情報，又是因為什麼？

理由絕對不只是因為我變成了「有錢人」，而是因為我擁有著「技能」，並且積極地

「發送訊號」之故。

前陣子有人來委託我，製作販賣商品之用的網頁。

這是一位經營派遣公司的老闆，但因為不太了解網路市場調查還有網頁製作，因此找上了我幫忙。

其實說實話，這對我根本不算什麼困難的工作，對方卻非常感激，甚至還被招待去吃飯或者泡溫泉。

對方的興趣是旅行，對海外不動產跟海外商機感覺也都十分熟悉，一起邊泡著溫泉，我聊關於程式設計、市場調查的內容，而他則分享關於派遣業界、海外商機話題，共同度過悠閒的時光。

對我來說很「稀鬆平常」的程式設計話題，對他來說卻是極為有益的價值，另一方面他覺得「平常」的海外不動產或海外商機話題，則成為了對我有益的情報資訊，像這樣的「情報交換」，商機可說是無所不在。

也就是說為了獲得有價值的情報，自己本身也不能沒有具有價值的情報。

我因為提高了技能並累積出經驗，才能被這些資產家們認可是「具有交換情報價值的一個人」。

▼踏上「財富的無限循環」吧！

我把「有錢的人變得越來越有錢的現象」，稱為「財富的無限循環」。「財富的無限循環」依照下列9個流程而成立，

①學習以獲得技能
②活用技能得到成果
③發送訊號，在該行業中受到矚目
④獲得其他行業的人的注意
⑤交換情報
⑥因為新的情報讓視野更廣

⑦在加乘效果下獲得巨大成果
⑧變得更加醒目
⑨獲得更多不同的人的注意
⑤～⑨不斷重複進行，來逐漸增加情報與人脈

這樣一來，不僅「人脈」、「知識」、「經驗」、「情報」能夠無限地持續增加，有錢人自然也就會更加地有錢了。

想踏上「財富的無限循環」最重要的一件事，就是「學習並擁有技能在身」，從今天開始，即使只是一點點也沒關係，請採取能夠提高技能的行動吧，人生真的能夠改變。

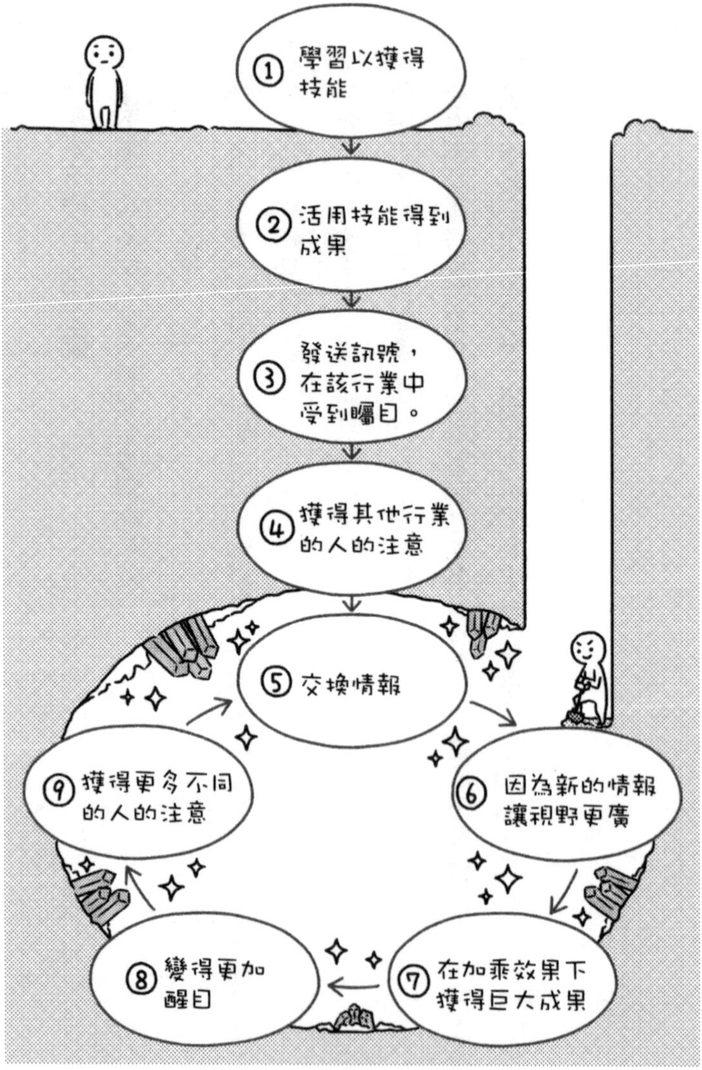

①學習以獲得技能
②活用技能得到成果
③發送訊號，在該行業中受到矚目。
④獲得其他行業的人的注意
⑤交換情報
⑥因為新的情報讓視野更廣
⑦在加乘效果下獲得巨大成果
⑧變得更加醒目
⑨獲得更多不同的人的注意

「財富的無限循環」的流程

結語

也是想藉著這本書帶給大家不同的思考方向，不僅僅是追求財富自由而已，在時間上、精神上還有身體上的自由，包含著將所有的自由最大化的意涵在其中。

就像在本書中推薦大家應該要寫下「不想做的事情名單」一樣，我這個人就是會持續思考「為了不想要做討厭的事情，自己應該要怎麼做才好」的一個人。

- **因為將來不想工作，所以將勞動資產化，並開始寫部落格。**
- **討厭不安穩，所以學會程式設計來讓工作穩定下來。**
- **討厭西裝跟每天擠電車，所以挑選能夠盡量在家工作的職業並創業。**
- **擔心事業做不下去又要回頭工作，所以分散事業體。**

這些經過不斷的累積，才有了現在。

然後以結論來說，這樣的生活方式讓我能夠很自豪，擁有砥礪「讓事物更有效率前進的力量」。

我認為所謂的忍耐，大多數就都是「停止思考」。

例如，一定有人會忍耐「實際收入很低」這件事吧！

但只要轉念一想，就能夠想出「學會一技在手並轉行」、「展開副業」這樣的解決對策。

「實際收入雖然少，但忍耐很重要，所以就跟過去一樣繼續忍耐」，這樣其實只不過就是停止思考而已。

然而大部分的忍耐，只要好好思考並採與行動就可以解決的事情。

討厭的事情沒有必要忍耐，為了解決討厭的事情，應該怎麼做才好，不斷地思考然後行動吧。

對於如何獲得自由人生的方法，在本書中有仔細而滿滿的介紹了。

而在我經營的Skill Hacks公司，也以「學會技能、提高人生的自由度」做為經營理念，推出可學習到程式設計、影片編輯、設計、動漫製作等等的線上課程事業，參加線上課程的學生累計已經超過了一萬人。

如果不嫌棄的話，不妨上網看看，我會覺得很榮幸。

透過這本書能與大家結識，對我來說就是個奇蹟。

然而傳授「從0到億！社畜也能財務自由」人生攻略的旅程，也終於要來到了尾聲，剩下的就是去實踐而已，或許在實踐的時候會有無法順心而行的情況，也有可能鼓不起實踐的勇氣，另外也有可能出現不知道應該怎麼實現才好的時候。

但是對於已經讀過本書的你來說，完全不希望因為這些事情就浪費了時間，所以為了已經將書看到了這裡的你，提供更多助力而準備好了LINE的官方帳號，有一個可以諮詢的地方。

LINE的官方帳號不時會有專欄文章，還有購買書籍讀者限定的好康情報，千萬別忘了來看看喔。

將會獻上熱門話題，幫助你今後的人生更加富裕，需要靈感的人可要趁早。

改變我們人生的時間點，有時候真的僅僅只是一個極小的契機，有可能你會看到這本書就是一個偶然，但是我對於這樣偶然的相遇，十分確信是一個能夠大大改變你的未來的必然相逢。

最後，我會一直地應援著你的人生。

二〇二〇年七月

迫 佑樹

從0到億！
社畜也能財務自由

我「23歲／沒背景／沒資歷」，
用6年打敗死薪水，提早過自己想要的生活

作者迫佑樹
譯者林安慧
主編丁奕岑
責任編輯孫珍（特約）
封面設計羅婕云
內頁美術設計李英娟

發行人何飛鵬
PCH集團生活旅遊事業總經理暨社長李淑霞
總編輯汪雨菁
主編丁奕岑
行銷企畫經理呂妙君
行銷企劃專員許立心

出版公司
墨刻出版股份有限公司
地址：台北市104民生東路二段141號9樓
電話：886-2-2500-7008／傳真：886-2-2500-7796
E-mail：mook_service@hmg.com.tw
發行公司
英屬蓋曼群島商家庭傳媒股份有限公司城邦分公司
城邦讀書花園：www.cite.com.tw
劃撥：19863813／戶名：書虫股份有限公司
香港發行城邦（香港）出版集團有限公司
地址：香港灣仔駱克道193號東超商業中心1樓
電話：852-2508-6231／傳真：852-2578-9337
製版・印刷漾格科技股份有限公司
ISBN978-986-289-620-4・978-986-289-618-1（EPUB）
城邦書號KJ2027 **初版**2021年09月
定價380元
MOOK官網www.mook.com.tw
Facebook粉絲團
MOOK墨刻出版 www.facebook.com/travelmook
版權所有・翻印必究

JINSEI KORYAKU ROADMAP
「KO」DE JIYU WO TE NI IRERU「10」NO DOKUGAKU SENRYAKU
© Yuki Sako 2020
First published in Japan in 2020 by KADOKAWA CORPORATION, Tokyo. Complex Chinese translation rights arranged with KADOKAWA CORPORATION, Tokyo through Keio Cultural Enterprise Co., Ltd.
This Complex Chinese translation is published by Mook Publications Co., Ltd.

國家圖書館出版品預行編目資料

從0到億！社畜也能財務自由：我「23歲／沒背景／沒資歷」，用6年打敗死薪水，提早過自己想要的生活/迫佑樹作；林安慧譯. -- 初版. -- 臺北市：墨刻出版股份有限公司出版：英屬蓋曼群島商家庭傳媒股份有限公司城邦分公司發行, 2021.09
200面；14.8×21公分. -- (SASUGAS ;27)
譯自：人生攻略ロードマップ 「個」で自由を手に入れる「10」の独学戦略
ISBN 978-986-289-620-4(平裝)
1.個人理財 2.投資 3.成功法
563　　　110013474